THE NEXT TRILLION
다음 천만장자는 어디에서 나올까?

저자 **폴 제인 필저**
옮김 이진구

The Next Trillion

Copyright ⓒ 2002 by Paul Zane Pilzer
All rights reserved.

Korean translation copyright ⓒ 2002 by Ifriend
Korean translation right arranged with Paul Zane Pilzer through SWA(Shin Won Agency).

이 책의 한국어판 저작권은 SWA(신원에이전시)를 통한 폴 제인 필저와의 독점 계약으로 한국어 판권을 아이프렌드가 소유합니다. 저작권법에 의하여 한국 내에서 보호를 받는 저작물이므로 무단전재와 복제를 금합니다

THE
NEXT
TRILLION

개정증보판
The Next Trillion
다음 천만장자는 어디에서 나올까?

개정증보판 1쇄 발행 2010년 03월 02일
개정증보판 9쇄 발행 2015년 05월 20일

지은이 폴 제인 필저
옮긴이 이진구
펴낸이 이태규 · **펴낸곳** 아이프렌드
북디자인 강민정 · **영업마케팅** 유수진 · **전자책** 김진도

발행처 아이프렌드
주소 대전광역시 서구 괴정로 107 연흥빌딩 201호(괴정동 53-10번지)
전화 042-485-7844 **팩스** 042-367-7844
주문전화 070-7844-4735~7
홈페이지 www.ifriendbook.co.kr
출판등록번호 제 305 호

ⓒ폴 제인 필저 (저작권자와 맺은 특약에 따라 검인을 생략합니다.)
ISBN 978-89-6204-1325-4 (13300)

이 책은 저작권법에 따라 보호받는 저작물이므로 무단 전재와 무단 복제를 금지하며,
이 책 내용의 전부 또는 일부를 이용하려면 반드시 저작권자와 아이프렌드의
서면동의를 받아야 합니다.

• 값은 뒤표지에 있습니다.
• 잘못된 책은 구입처에서 바꾸어 드립니다.

The Next Trillion
다음 천만장자는 어디에서 나올까?

개정증보판

젊은이는 아름답다.
그러나 노인은 더 아름답다.

● 월트 휘트먼(Walt Whitman, 19세기 미국의 시인, 수필가)

건강에 대한 관심과 과학 기술의 발달로 사람들의 평균수명이 늘어나면서 이제 '100세 시대'라는 말이 심심치 않게 들리고 있다. 하지만 오래 사는 것보다 더 중요한 노인 복지는 그다지 나아진 것이 없다. 복지는커녕 오히려 노인 홀대를 넘어 노인 박대라고 할 만한 일들이 종종 일어나 노인들을 주눅 들게 하고 있다.

사람은 누구나 나이를 먹고 늙는다. 그럼에도 자신이 아직 젊다고 생각하는 사람들은 마치 영원히 늙지 않을 것처럼 행동한다. 가끔 눈살을 찌푸리게 하는 대접을 받으면 노인들은 마음속으로 '너는 안 늙을 줄 아니?' 하는 생각을 한다. 그렇게 마음속에 분노를 쌓아둘 필요는 없다. 그보다 젊은이에게는 없는, 즉 노인만의 아름다움을 찾아보는 것이 낫다.

스웨덴 속담에 '젊은이는 얼굴이, 노인은 마음씨가 아름답다'라는 것이 있다. 나이가 들면 주름이 늘고 행동에 기민성이 떨어지지만 노인에게는 젊은이에게 없는 경험, 지혜, 깊은 생각이 있다. 나이가 들수록 몸이 쇠락하는 것과 반대로 정신은 더욱 밝아진다. 그러므로 늙었다고 죽을 때까지 풀이 죽어 있을 필요는 없다.

나이는 숫자에 불과하다. 비록 몸은 늙었어도 머리의 유연성, 마음의 젊음을 유지하며 산다면 몸은 젊어도 마음이 쇠락한 젊은이보다 젊은 것이다. 마음이 젊음을 유지하면 몸도 느리게 늙어간다. 시인 새뮤얼 울먼Samuel Ullman은 〈청춘〉에서 그것을 잘 표현하고 있는데, 그 중 일부를 음미해 보자.

청춘이란 인생의 어느 기간이 아니라
마음의 상태를 말한다.
씩씩한 의지,
풍부한 상상력,
불타오르는 정열,
두려움을 물리치는 탁월한 용기,
안락함의 유혹을 극복하는 모험심,
이 모든 것을 간직하는 한 언제까지나 젊음을 유지할 것이다.

이 시가 표현하듯 마음이 젊으면 절대 노인이 아니다. 그럼에도 겨우 60대에 이미 다 늙어버린 것처럼 탄식하는 사람도 있다. 그러나 주위를 돌아보면 60대가 아니라 70대에도 원기왕성하게 활동하는 사람을 많이 볼 수 있다.

문제는 마음이 젊은가 아닌가에 있다. 늙는 것은 누구도 피할 수 없다. 로마의 철학자이자 저술가인 키케로는 ≪노년에 대하여≫에서 "늙는다고 모든 사람이 비참해지거나 황량해지는 것은 아니다"라고 말했다. 이 말처럼 각종 취미나 동호회 활동, 봉사 활동 등으로 젊은이 못지않은 원기를 발산하며 살아가는 노인도 상당히 많다. 사실 삶의 모든 짐을 내려놓은 노인이 오히려 삶을 더욱 충만하게 살아갈 수도 있다.

노인은 아름다운 노년기를 가꾸고 머지않아 늙음을 맞이할 세대는 아름다운 노인이 될 수 있도록 현재를 소중히 여기며 살아가야 한다.

| 역자 서문 |

이 시대의 트렌드가 되어가고 있는 웰니스 산업!

21세기의 화두는 경제와 건강이다. 사람들이 가장 큰 관심을 보이는 것은 한마디로 '잘 먹고 잘 사는 것'이다. 그런 의미에서 21세기를 살아가는 우리에게 두 마리 토끼를 한꺼번에 잡을 수 있는 방법을 구체적으로 제시하는 폴 제인 필저의 견해에 귀를 기울일 필요가 있다.

그는 사람들이 비만과 건강 이상에 시달리게 된 원인 및 진실을 밝히고, 물질적 재화 대신 질적·내적 개선을 추구해야 하는 이유를 친절하게 알려주고 있다. 나아가 건강을 추구하는 동시에 경제까지 챙길 수 있는 엄청난 사업 기회를 보여준다. 이것이 바로 이 책이 많은 사람들로부터 폭발적인 호응을 얻고 있는 이유다.

우리가 폴 제인 필저에게 열광하는 이유는 언행일치를 통해 충분한 설득력과 신뢰를 전해주기 때문이다. 학교를 남보다 속성으로 졸업한 그는 이미 스물두 살의 젊은 나이에 시티은행의 이사로 발탁됐다. 당시 미국에서는 많은 사람이 은행을 그다지 안전한 곳으로 여기지 않았다. 우리나라의 경우에는

1997년의 IMF 이후에야 금융권 도산을 경험했지만, 서구에서는 이미 대공황 이후 금융권 도산을 겪었던 터라 금융권을 안전하고 영구적인 기관으로 여기지 않았다.

하지만 금융권의 가능성을 확신한 폴 제인 필저는 입사와 동시에 열심히 발로 뛰어 예금자와 투자자를 유치했다. 나아가 투자 자본의 효율성을 극대화해 채 2, 3년도 되지 않아 그들에게 고금리와 고배당을 안겨줌으로써 강한 신뢰를 이끌어냈다. 덕분에 금융권 붐이 조성되면서 그는 높은 실적을 쌓게 되었고 스물다섯 살에 최연소 부사장으로 승진해 세상을 놀라게 했다.

이와 더불어 그는 경제학자이자 미래학자로서 여러 가지 매체와 정부기관에서 눈부신 활동을 하고 있다. 그는 이 책을 통해 자신의 경험과 지식을 나눠주고 있는데, 특히 미래 산업에 대한 그의 견해는 전 세계적으로 많은 사람의 공감을 자아내고 있다.

생활 여건이 향상되고 가치를 추구하는 사람들이 늘어나면서 소비 성향은 갈수록 양적 수요에서 질적·내적 수요로 변화되고 있다. 그러므로 우리 주변에서 건강과 가치를 추구하는 동시에 경제적 욕구까지 충족시킬 수 있는 사업을 발견한다면 눈여겨볼 필요가 있다. 설사 현재 시점에서 미약해 보일지라도 필연적 과정을 거쳐 가까운 장래에 폭발적인 비전을 가진 미래 산업으로 자리매김할 확률이 높기 때문이다.

개인에게든 사업가에게든 우선적으로 중요한 것은 누가 이 미래 산업의 엄청난 기회를 확실히 이해해 사업으로 연장시키는가에 있다. 구체적이고 확실한 미래를 보여주는 폴 제인 필저의 책을 통해 많은 사람이 새로운 삶의 전환점을 얻게 되길 바란다.

경영컨설턴트 이진구

|서 문|
오늘의 혁신은 내일의 정설이다

1954년, 기업가이자 작가인 로데일 J. I. Rodale은 그동안 자신이 쌓아온 모든 것을 잃을 처지에 놓이게 되었다. 그때는 그가 경영하던 로데일출판이 새롭게 시작한 〈프리벤션 Prevention〉지가 이제 막 뿌리를 내리고 있던 시점이었다. 〈프리벤션〉은 독자들에게 질병 치료가 아니라 질병 예방법을 알려주기 위한 목적으로 탄생한 잡지다.

오랫동안 건강 분야를 연구해 온 로데일은 많은 양의 육류와 유제품을 섭취하면 심장질환이 극적으로 증가하고, 반대로 육체적인 활동을 하면 심장마비의 위험이 줄어든다는 것을 알아냈다. 하지만 당시 미국 정부는 국민에게 육류와 유제품을 많이 섭취하도록 장려하는 데 많은 돈을 투자하고 있었다. 여기에다 의사들은 심장질환 발생 위험을 줄이기 위해 운동량을 줄이거나 아예 중단하라고 권했다. 이러한 실정이었으니 미국인 사망 원인에서 심장질환이 상위를 차지하는 것은 당연한 결과였다!

로데일은 자신이 새롭게 발견한 사실을 널리 알리기 위해 두 권의 책을 저술했다. 하나는 ≪심장 건강을 위한 식사법 How to Eat for a Healthy Heart≫이고, 다른 하나는 ≪이 정도 페이스로는 죽지 않는다 This Pace Is Not Killing Us≫이다. 그는 자신이 제공하는 정보가 수많은 생명을 구할 수 있을 거라고 확신했다.

하지만 1950년대의 수많은 작가가 겪었듯 그 역시 상원의원 조지프 매카시 Joseph McCarthy가 주도하는 반미활동위원회의 '출판 승인자' 명단에 속하지 않았다. 탓에 뉴욕의 많은 출판업자가 그의 책을 출판하려 하지 않았다. 로데일은 결코 좌절하지 않았고 스스로 책을 인쇄해 배포하려 했다. 그런데 선입견에 사로잡힌 많은 도서 판매업자가 책의 배포를 거절했다. 여전히 자신이 제공하는 정보에 대해 강한 확신이 있던 로데일은 전국적으로 전면 광고를 냈고, 동시에 특별 가격을 제시하며 우편주문을 받겠다고 했다.

그러자 이번에는 미국 연방상업위원회FTC에서 의학적 근거가 뒷받침되지 않았다는 이유로 로데일의 책에 대해 광고와 판매를 중단할 것을 지시했다. 그동안 사회적 불합리함을 묵묵히 참아왔던 로데일은 마침내 분노를 터트렸다. FTC의 조치가 '출판에 대한 자유를 보장하는 헌법 1차 수정안'을 명백히 위반하고 있었기 때문이다.

1955년, FTC는 청문회를 열기로 했고 로데일은 책의 내용대로 하면 심장질환이 감소한다는 증거를 제시하도록 요구받았다. 로데일은 책의 유용성을 떠나 헌법의 1차 수정안은 국민에게 어떠한 정보라도 출판할 수 있는 권리를 주고 있다며 청문회 출석을 거부했다. 어쨌든 FTC의 계획대로 청문회가 열리자 그 자리에 참석한 명망 있는 전문가들은 지금의 의식으로는 다소 황당한 증언을 했다.

"심장질환과 많은 양의 육류 및 유제품을 섭취하는 것은 무관하다. 심장질환을 피하기 위해 육체적인 활동량을 증가시키는 것은 비록 치명적이진 않지만 좋지 않다."

이를 받아들인 FTC는 로데일에게 그의 주장을 철회하라고 직・간접적으로 지시했다. 그러자 로데일은 정보 관련 출판물에 대한 FTC의 헌법 1차 수정안 위반에 역점을 두고 소송을 제기했다. 연방정부와의 법적 투쟁은 10년 이상 지속됐고 로데일은 때로 심각한 위험에 빠지기도 했다.

그렇게 수년이 지나면서 헌법적 부담으로 패소할 것을 우려한 FTC는 로데일과의 타협을 시도했다. 하지만 로데일은 재정적 어려움에도 불구하고 FTC가 서적과 출판물에 대한 규제를 금지하는 헌법의 1차 수정안 정신에 동의하지 않는 한 물러서지 않겠다고 주장했다. FTC는 이를 거절했고 이 소송은 1960년대 들어 연방법원으로 이관됐다. 이때 로데일의 변호인 에이브 포터스Abe Fortas가 대법원의 대법관으로 지명되면서 포터스의 법률 파트너인 서먼 아널드Thurman Arnold가 변호를 맡게 되었다.

서먼 아널드는 15년 전 FTC가 청문회에서 내세웠던 것과 마찬가지로 선도적인 의학 전문가들로부터 얻은 몇 가지 새로운 증거를 소개했다. 이들은 하나같이 이전의 증언에 대해 당시에는 제대로 알지 못했다고 반론을 폈고, 몇 년 뒤 로데일의 주장은 의학적 사실로 인정받았다. 이 사건을 맡은 아널드는 헌법 9개 조항 중에서 언론에 대한 자유를 첫 번째 항으로 명시한 헌법제정위원들의 헌법 정신에 존경을 표했다.

그런데 1971년에 ABC텔레비전의 딕카벳쇼Dick Cavett Show에 출연해 연방정부와의 법적 투쟁을 이야기하던 로데일은 갑자기 그 자리에서 숨을 거두고 말았다. 쇼를 지켜보던 사람들은 로데일이 실제로 숨을 멈추고 서서히 식어갈 때까지 그가 FTC와의 투쟁을 강조하기 위해 일부러 심장마비를 가장하는 줄 알았다.

소송은 대법원까지 가지 않았다. 로데일이 사망한 지 얼마 지나지 않아 FTC가 정보와 관련된 출판물을 출간할 때 더 이상 그 유용성을 명시할 의무가 없다는 새로운 정책을 공포했기 때문이다. 지금까지 비타민이나 영양 공급, 근육 단련, 그리고 의학적 대체 산업이 오늘날처럼 성장하는 데 이보다 더 큰 도움을 준 정책은 없었다.

수많은 역경을 이겨내며 연방정부와 맞서 자신이 확신하는 것을 지켜낸 한 사람의 용감한 혁신 정신이 식품과 건강제품의 전국시대를 열어젖히는 토대를 제공한 것이다.

오늘날 〈프리벤션〉지는 1,200만 명의 독자가 애독하고 있고 로데일출판에서 출간하는 다른 잡지, 예를 들면 〈맨스헬스 Men's Health〉, 〈러너스월드 Runners World〉는 전 세계에서 가장 큰 건강 관련 출판물이다. 또한 로데일출판은 매년 100가지 이상의 신간서적을 출간하고 있으며 해마다 2,000만 권 이상을 판매하고 있다.

THE NEXT TRILLION

역자서문

서문
우리의 적은 우리 자신이다

소수만 아는 웰니스를 지키는 비밀_24

약이 음식이 되고 음식이 약이 되어야 한다_44

웰니스 산업을 주도하는 베이비붐 세대_60

양적, 질적으로 계속 확대되는 웰니스 수요_72

유통이 대세다_94

맺음말_120
부록 1 • 살기 위해 먹는 식품이 과연 우리를 살리고 있는가?_130
부록 2 • 영웅에서 원흉으로 추락한 '지방'_152

우리의 적은 우리 자신이다

오늘날 사회적으로 중추적인 역할을 담당하고 있는 사람들은 대개 베트남전쟁을 전후로 태어난 세대다. 그들은 비교적 평화로운 시대를 살아왔기 때문에 스스로 만들어낸 비극의 깊이를 이해하지 못한다. 경제적으로 그들은 조상들이 그토록 많은 노력과 희생을 바쳐가며 열망해 온 풍요로움을 누리고 있지만, 그 이면에는 결코 숨길 수 없는 비극이 자리 잡고 있다. 아니, 그들은 인류사의 그 어느 때보다 커다란 불행을 안고 21세기를 살아가고 있다.

언젠가 내가 잘 알고 지내는 영국인 친구 디즈레일리는 "지금 미국은 엄청난 결핍으로 인해 두 개로 나뉘어져 있다"고 말했다. 미국인의 절반 이상이 조상들에게는 그저 꿈일 뿐이었던 경제적 풍요로움을 즐기지 못하고 있다는 의미다. 이러한 분류는 그들의 연소득이나 피부색, 종교관 그리고 출생지에 따른 것이 아니다.

전체 미국인의 61퍼센트가 체중과다와 건강 이상으로 스스로의 감옥에 갇혀 있으며, 27퍼센트는 다시 건강해지고자 하는 희망과 기대도 내던진 채 임상적 비만 상태에 놓여 있다. 더욱 중요한 것은 이와 비슷한 상황이 서유럽과 일본, 다른 선진국에서도 나타나고 있다는 점이다.

그 책임이 다른 누군가에게 있는 것은 아니다. 누구도 그것을 다른 사람의 탓으로 돌릴 수는 없다. 이러한 상황을 굳이 비판하고자 한다면 자기 자신에게 해야 한다. 사회적으로 유명한 어느 연재만화의 한 문구가 현재 우리가 놓인 상황을 제대로 표현해 주고 있다.

"우리는 지금 적과 대치 중이고 그 적은 바로 우리 자신이다."

그렇다고 절망할 필요는 없다. 우리가 우리 스스로를 돕고자 하든, 사랑하는 누군가를 돕고자 하든 우리가 할 수 있는 방법은 많기 때문이다.

THE
NEXT
TRILLION

다음 천만장자는 어디에서 나올까?

제1장

소수만 아는
웰니스를 지키는
비밀

제 1 장
소수만 아는 웰니스를 지키는 비밀

술 취하고 탐식하는 자는 가난해질 것이요, 잠자기를 즐겨 하는 자는 해진 옷을 입을 것이니라.
●잠언 23장 21절

1996년 9월 7일, 약 4만 5,000명의 청중이 운집한 인디애나폴리스의 RCA체육관은 뜨거운 열기로 가득했다. 그때 강연을 하기로 되어 있던 나는 막 무대에 오를 준비를 하고 있었다. 당시 강연료는 밀봉된 봉투로 지급됐는데 45분간의 강연을 대가로 받은 그 돈은 내가 시티은행에서 1년간 받는 금액보다 많았다.

나는 많은 사람들 앞에서 강연을 한다는 사실에 한껏 들떠 있었지만, 무대에 올라서자마자 그것은 이내 죄를 짓는 듯한 느낌으로 변해 버렸다. 체육관에 모인 청중의 면면을 살피다 보니 내가 그들에게 강연료를 바가지 씌운 것만 같았던 것이다.

대부분의 미국인처럼 청중의 절반은 건강이 좋지 못했고 체중과다 상태였다. 그들의 피곤해 보이는 모습과 허리에 낀 지방질로 보아 그것은 분명 잘못된 식생활과 라이프스타일에 따른 결과였다. 사실 나는 경제적 부와 관련해 강연을 할 계획이었다. 하지만 내가 그들을 보면서 절실히 느낀 것은 그들 스스로 자기 몸을 돌보는 방식을 깨우치기 전에는 아무리 경제적 부를 쌓더라도 삶의 질을 개선하기 어렵다는 사실이었다.

나는 준비해 간 강연 내용을 팽개치고 싶었다. 그보다는 '좋은 건강은 여러분이 원하는 어떠한 경제적 부보다 중요하다'고 말하고 싶은 충동이 일었다. 하지만 약속은 약속이었다. 나는 나를 초대한 사람들을 곤란하게 만들고 싶지 않았다. 좀 더 솔직히 말하면 건강을 관리하기 위해서는 어떻게 해야 하는지 가르쳐줄 만한 이론적 근거나 지식이 부족했다.

다음날 아침, 집으로 돌아가기 위해 비행기에 오른 나는 내내 머릿속을 떠나지 않는 질문과 씨름하고 있었.

'사람들은 자기 삶을 증진시키기 위해 자신이 원하는 것에 많은 돈과 시간을 투자한다. 그렇다면 건강에 대해서는 어떠할까? 건강이 나쁘고 비만한 사람들은 자신의 건강을 위해 무엇을 어떻게 해야 하는가?'

나는 이것을 깊이 연구해 보기로 마음먹었다. 오래지 않아 경제학자들이 '음식과 식이요법'이라는 주제로 책을 써야 하는 이유를 발견한 나는 잔뜩 기대감을 안고 연구를 거듭했다. 그 결과 사람들의 건강 이상과 비만의 가장 큰 이유는 의학적인 것보다 경제적인 이유와 더 관련이 깊다는 사실을 알아냈다. 믿기 힘들겠지만 사람들은 건강을 돌보고 비만을 억제하는 게 아니라, 오히려 몸무게를 늘리도록 조장하는 경제적 힘에 이끌려가고 있었다. 실제로 국가 경제의 약 30퍼센트를 차지하는 음식과 의료 산업을 이해하지 않으면 건강을 관리하는 것은 거의 불가능하다.

흥미롭게도 비만과 건강 이상은 단순히 외형적으로 나타난 문제에 국한되지 않는다. 과거에는 마른 사람과 빈곤, 뚱뚱한 사람과 부를 연관시켰지만 오늘날 뚱뚱한 사람은 대개 경제 사다리의 가장 아래 단계에 종사하고 있다. 이제 '부유한 뚱보'는 모순적이고 '가난과 비만'은 당연한 표현으로 받아들여지고 있다.

과거 어느 때보다 풍요로움을 누리는 미국인은 현재 전체의 61퍼센트가 체중과다 상태고, 27퍼센트는 임상학적으로 심각한 비만에 빠져 있다. 이 수치는 지난 1994년~1999년에 10퍼센트 증가했으며 비만은 1970년대에 비해 2배로 치솟았다.

19세기에는 가문과 신분이 개인의 사회 경제적 기회를 구분했지만, 오늘날에는 그 사람의 체중과 외모가 그 역할을 하고 있다. 어떤 사람이 바람직한 체중보다 10~20퍼센트를 초과해 체중과다 혹은 임상적 비만일 경우 구직, 대인관계, 그리고 일상생활에서 많은 어려움을 겪게 된다. 물론 이러한 체중과다와 비만의 직접적인 원인은 잘못된 식이요법에 있다.

 체중이 정상적이라고 해서 모든 사람이 건강한 것은 아니다. 오히려 현대인은 자신도 모르는 사이에 수많은 질병에 노출되어 있다. 이는 현대 의약품이 두통, 몸의 결림, 피로, 관절통, 그밖에 노년층을 괴롭히는 명확하지 않은 질병 등을 치유한다는 명목으로 계속 늘어나고 있는 것으로도 알 수 있다.

 믿기 어렵겠지만 건강 이상과 체중과다에 대한 책임은 주로 경제에 있다. 일차적으로 강력한 힘을 소유한 거대 식품 회사들이 가능한 한 부적절한 음식을 선택하도록 우리를 현혹한다. 오늘날 식품 회사들이 회사를 경영하는 방식을 이해하면 우리의 식생활은 물론, 궁극적으로 삶을 조종하고자 하는 그들의 일면을 엿볼 수 있다.

 제너럴푸드General Foods, 프록터앤갬블Procter&Gamble 같은 포장식품 업체들은 먼저 소비자의 성향과 통계자료를 얻기 위해 최고의 전문가들을 고용한다. 이들은 소비자 자신보다 소비자를 더 잘 알기 때문에 시장 상황에 꼭 맞는 제품을 내놓는다. 즉, 소비자가 사먹지 않을 수 없게 만드는 것이다. 특히 이들은 새로운 고객을 창출하기보다 기존고객을 공략하는 것이 훨씬 수월하다는 것을 알고 있다. 예를 들어 감자튀김의 경우 새로운 고객에게 한 봉지를 팔기보다 기존고객에게 네 봉지를 파는 게 더 쉽다는 얘기다.

호스티스 트윙키Hostess Twinkies, 오레오 쿠키Oreo Cookies, 그리고 맥도날드의 해피밀Happy Meals 같은 가공식품은 판매를 할 때 소위 '감자튀김 마케팅' 법칙을 응용한다. 이 법칙에 따르면 제품의 90퍼센트 이상이 10퍼센트 미만의 고객에게 판매된다고 한다. 흥미롭게도 그 10퍼센트 미만의 열성 고객은 체중이 90킬로그램을 넘고 연소득은 2만 달러 미만인 사람들로 구성돼 있다. 각각의 식품 회사는 그 10퍼센트 미만에 속하는 사람들을 '타깃'으로 해서 마치 실험실용 쥐를 대하듯 끊임없이 연구한다.

이들이 연구를 통해 알아내고자 하는 것은 소비자가 좋아하는 것과 싫어하는 것, 희망, 꿈, 우상, 바람 등이다. 이때 고소비 그룹은 주요 고객으로 분류돼 특별 관리를 받으며 이들은 신상품 시식, 광고물 모니터 등의 활동도 하게 된다.

식품 회사는 타깃 시장과 관련된 것이라면 아무리 사소한 일일지라도 아낌없이 비용을 투자한다. 만약 그 시장과 관련된 사람들이 특정 배우나 가수를 좋아할 경우 머지않아 그 스타가 라디오와 텔레비전에 등장해 그 제품을 극찬하며 광고한다. 또한 그 시장에 어떤 특별한 유행이나 정서, 라이프스타일이 나타나면 그 방면의 스타일리스트와 디자이너 군단이 그 현상을 더욱 확대하기 위해 스튜디오로 몰려간다. 그러다 보니 마치 산양이 일단 사냥꾼의 망원렌즈에 포착되면 결코 벗어날 수 없는 것과 마찬가지의 일이 연출된다.

그런 무모하고도 현혹적인 마케팅은 주로 세상을 니코틴에 찌들게 하는 대규모 담배 회사들이 사용해 왔다. 물론 최근에는 담배 광고가 법률적으로 금지되었고 청소년에게는 판매도 허용되지 않는다. 그렇다고 그들이 이미 습득한 전문적인 판매 기술을 내던진 것은 아니다. 오히려 그들은 중독성 강한 대규모 가공식품 회사를 사들여 그 전략을 다시 사용하고 있다.

2001년 세계 최대의 담배 회사인 필립모리스Philip Morris는 오레오 쿠키를 비롯해 리츠 크래커Ritz Crackers, 라이프세이버스 캔디Life Savers Candy 등 세계적으로 유명한 어린이용 가공식품 회사를 사들였다. 이렇게 해서 필립모리스는 네슬레Nestle에 이어 세계에서 두 번째로 큰 식품 회사로 거듭났다.

불건전한 음식 문화와 관련해 무엇보다 화가 나는 일은 가장 열성적으로 자사제품을 광고하는 회사 관계자 자신은 절대로 자사제품을 먹지 않는다는 사실이다.

문제는 식품 회사에만 있는 것이 아니다. 나는 의료 산업을 연구하면서 식품 회사의 행위를 새 발의 피로 만들어버릴 정도로 극악무도한 다국적 의료 회사의 실상을 알게 되었다. 이러한 경험을 통해 내가 내린 결론은 건강한 라이프스타일을 위해 좋은 음식과 좋은 의료제품을 선택하는 법에 대해 경제학자가 반드시 책을 써야 한다는 것이었다.

의사에게 진찰을 받으러 가는 환자는 보통 자신의 질병에 적합한 최적의 치료와 처방전이 내려질 것으로 믿는다. 하지만 천만의 말씀이다. 비만한 사람이 식품 회사의 목표였듯 의사 역시 의료 회사나 건강보험 회사의 목표다. 심지어 의사 개인에게 최고의 이익이 돌아가는 치료를 하거나 처방전을 써주기도 한다. 실제로 의사들은 그 지역에서 어떤 제약 회사가 시장을 선도하고 있느냐에 따라 똑같은 질병에 대해 완전히 다른 처방전을 써주기도 한다.

오늘날에는 의학 기술과 제약 기술이 너무 빨리 변하기 때문에 가끔은 의사들이 학교에서 배운 지식이 졸업하자마자 진부한 것이 되기도 한다. 이에 따라 의사들은 의료 산업계에서 디테일퍼슨Detail Person, 제약 회사 세일즈맨으로 불리는 판매원들을 통해 새로운 의약품 정보를 습득하고 그 사용법을 배운다. 이들 세일즈맨은 의사들에게 아낌없이 샘플을 제공하며 자사 제품을 처방전에 써준 양에 비례해 의사와 그 직원들에게 후한 보상을 안겨준다. 예를 들면 값비싼 음식을 대접하거나 무료여행을 보내주기도 한다. 물론 제약 회사는 그 순간에도 자사제품 홍보를 멈추지 않는다.

세계의 많은 제약 회사가 약값을 높이 책정하는 이유에 대해 보통 연구개발비를 들먹이지만 사실 그들은 연구개발비보다 마케팅 비용을 훨씬 많이 쓴다. 새로운 약품을 개발할 때 들어가는 엄청난 액수의 연구개발비는 대개 대학이나 의료학교 연구실 등 비영리법인의 인가를 받아 연방정부나 국립건강협회에서 기금을 출연한다.

여러분이 처방약에 대해 높은 가격을 지불할 때는 의사들이 처방전에 'DAW Dispense As Written : 반드시 처방전에 기재된 의약품을 조제하라는 지시'라고 적도록 만든 일련의 마케팅 홍보비까지 지불하는 셈이다. 이것은 모든 처방전의 90퍼센트 이상은 가격이 싼 일반의약품을 사용할 수 있음에도 의도적으로 처방전을 유명 브랜드의 비싼 의약품으로 채운다는 것을 의미한다.

대부분의 제약 회사는 어떤 특정 질병이 처음 발견되었을 무렵 처방전에 사용한, 다시 말해 이제는 구식이 된 의약품을 통해 많은 이익을 얻는다. 따라서 이들 회사는 새로운 처방전이 등장해 고객을 경쟁업체에 빼앗기게 될 때까지는 고객과 의사들에게 새로운 의약품에 대한 정보를 절대 알리지 않는다. 오히려 최근에 개발된 일반의약품이 기존의 유명 브랜드에 비해 더욱 안전하고 효과가 뛰어난 경우에도 말이다.

최근 몇 년간 식품 회사와 마찬가지로 광고 회사를 사들인 제약 회사는 고객에게 직접적인 이미지 광고를 하고 있다. 법적으로 오직 의사들의 처방에 의해서만 사용할 수 있는 처방 전용 의약품에 대한 이들의 광고는 다소 황당하다.
"환자들은 이 약품을 직접 구매할 수 있으며 의사들의 DAW 처방에 대해 원하는 것을 요구할 수 있습니다."
더 가관인 것은 그 다음 대목이다. 만약 의사가 환자가 원하는 대로 처방전을 써주지 않으면 환자는 자신의 요청을 들어줄 다른 의사를 찾으면 된다는 식이다.
안타깝게도 대부분의 의사는 거대한 다국적 제약 회사의 '기술 보급자'로 전락해 버렸다. 이들 기업은 자사의 이익과 환자 사이에서 열심히 저울질을 한다. 심지어 그들은 연방정부를 조종해 안전과 수익 면에서 공공의 이익에 반하는 행동을 하기도 한다.

대표적으로 클레리틴Claritin은 알레르기질환 치료제로 세계에서 가장 잘 팔리는 항히스타민제다. 이것은 미국의 알레르기 환자 50만 명에게 호평을 얻었는데 신경안정제 성향을 보이는 경쟁업체들의 약품과 달리 졸음을 유발하지 않아 특히 트럭 운전기사나 장거리 운전자에게 인기가 있었다. 그러자 클레리틴 제조업체는 다른 국가에서 똑같은 제품에 부과하는 가격보다 4배 이상 높게 받기 위해 미국 식품의약국FDA을 조종해 클레리틴을 처방 전용 의약품으로 만들었다. 이로 인해 가격 차이가 심해지자 알레르기 환자의 56퍼센트는 신경안정제 성향을 보이는 제품 쪽으로 돌아섰다.

〈USA투데이USA Today〉에 따르면 클레리틴 제조업체의 이 약삭빠른 행동 때문에 항히스타민제와 관련된 교통사고로 연간 600명이 사망하고 4만 7,740명의 부상자가 발생한다고 한다. 그런데 어이없게도 클레리틴 제조업체는 이 자료를 해외에 들고 나가 '안전'을 내세우며 자사제품 매출 증대에 이용하고 있다. 물론 미국 내에서는 20억 3,000만 달러라는 엄청난 판매액을 유지하기 위해 처방 전용 의약품을 고수하고자 끊임없이 로비 활동을 하고 있다.

제약 회사들의 이러한 행위로 의약품 값이 비싸지자 환자들은 처방전의 약 22퍼센트만 수용하고 있다. 오늘날 65퍼센트 이상의 미국인이 처방 약품에 대해 월간 약 300달러를 고정적으로 지출하고 있으며, 안타깝게도 수백만 명이 음식과 의약품 중에서 하나를 선택해야 하는 처지에 놓여 있다. 이러한 사례는 빙산의 일각일 뿐이다. 대부분의 선진국에서는 이미 오래 전부터 의학적 문제가 과학적 관심보다 경제적 관심사로 기울고 말았다.

그러면 보다 근본적인 문제를 생각해 보자. 제약 회사 입장에서는 고객이 단 한 차례가 아니라 평생 이용할 수 있는 제품을 만드는 것이 훨씬 이익이다. 그리고 미국인의 약 85퍼센트가 의료비용을 건강보험을 통해 지불한다. 건강보험은 개인적인 의료비용 지출에 대해 전혀 책임지지 않으며 이는 운동이나 비타민, 영양처럼 질병을 예방하기 위해 지출하는 비용에 대해서도 마찬가지다. 미국의 건강보험은 최소한의 능력이 있는 사람들에게 최대한의 것을 끌어내고자 고안된 위선적인 할인 메커니즘으로 돌아간다.

1조 달러에 달하는 식품 산업과 1조 4,000억 달러에 이르는 의료 산업이 공동으로 뭔가 모의한 사실이 없음에도, 그 경제적 효과를 보면 마치 두 산업이 소비자들을 두고 악의적인 공모를 하는 것처럼 보인다.

그러면 이러한 현상을 먼저 미시경제 시각에서 살펴보자. 소비자는 자신의 건강을 돌보는 데 도움이 되는 올바른 정보를 얻고 싶어 한다. 하지만 자신들의 경제적 이익에 따라 행동하는 식품이나 제약 회사들은 정보를 날조한다.

예를 들면 1990년 이전만 해도 식품 회사들은 소비자들의 비만을 유발하는 고칼로리 제품을 만들어 아무런 거리낌 없이 판매했다. 하지만 지방의 양이 비만의 주요 원인이라는 것이 밝혀지면서 이들의 자세는 싹 바뀌었다. 식품 회사들은 반사적으로 저지방, 저칼로리 제품임을 강조하면서 체중이 늘지 않는 제품이므로 마음껏 먹으라고 광고했다. 심지어 설탕을 입힌 과자와 프레첼 같은 제품까지도 새롭게 무지방 제품으로 발전시킨 것처럼 포장했다.

이것은 분명 과대광고이자 허위광고다. 이들이 말하는 저지방, 무지방 제품은 기존의 지방성 제품보다 인체에 더 나쁜 화학적 성분은 물론, 일단 몸에 흡수되면 지방으로 바뀌게 되는 엄청난 양의 설탕과 탄수화물을 함유하고 있다. 이를 증명하듯 1990년 이후 저지방, 무지방 제품이 빠른 속도로 늘어났음에도 그에 못지않게 비만 인구도 꾸준히 증가했다.

거시경제 입장에서도 이러한 문제의 묘안을 찾긴 어려워 보인다. 왜냐하면 식품 회사와 제약 회사들이 엄청난 로비 활동으로 연방정부, 주정부, 지방정부를 조종하고 있기 때문이다. 대표적으로 식품 회사의 로비스트들은 어린이들을 중독성 있는 가공식품으로 족쇄를 채우고자 학교 급식과 우유 프로그램을 만들어냈다. 그리고 제약 회사들은 그 무시무시한 식이요법이 불러온 결과와 싸우도록 한다는 명목으로 수많은 어린이를 위험한 의약품 속으로 밀어 넣었다. 더구나 그들은 정부의 지원을 받아 그 프로그램을 만들었다. 때로 리탈린_{Ritalin : 주의력결핍 및 과잉행동장애, 즉 ADHD 아이들을 위해 개발된 약}이 민감성 어린이를 위해 처방될 경우, 부모는 알레르기를 치료하는 데 왜 그런 약을 먹여야 하는지 의아해한다.

그런데 애초에 소비자들을 보호하기 위해 설립된 미국 식품의약국은 이제 제약 회사간의 경쟁을 자제시키고 정부에서 인·허가해 준 특허를 연장해 줌으로써 기업들을 보호하고 있다.

광고와 시청률이라는 이익에 따라 행동하는 뉴스 매체는 가끔 식품 회사와 제약 회사의 극악무도한 행위를 폭로함으로써 여론을 선도하기도 한다. 하지만 결과적으로 달라지는 것은 별로 없다. 매체 구성원 자체가 소비자로서 그릇된 정보를 갖기 쉽고 또한 근본적인 문제를 인식하지도 못하기 때문이다. 여기에다 그러한 매체의 가장 큰 자금줄이 바로 식품 회사와 제약 회사다.

  예를 들어 우유가 인체에 해롭다는 것은 지난 수년간 의학계에 널리 알려진 사실이다. 그런데 자신은 두유를 마시면서 돈을 받고 버젓이 우유 광고모델로 나선 스타는 말할 것도 없고, 여러 가지 매체가 매년 낙농협회의 광고를 통해 돈을 벌어들이고 있다. 이러한 광고에 나서는 스타는 자신은 결코 소비할 의사도 없으면서 제품을 보증하는 셈이다.

  유명 배우, 가수, 모델은 말 그대로 자신의 유명세와 외모를 통해 매년 수백만 달러를 벌어들인다. 그들은 대개 중독성 있는 가공식품을 거의 먹지 않고 채식 위주의 식이요법을 한다. 하지만 건강과 아름다움에서 사회를 선도하는 이들의 최상의 식이요법은 매니저들의 통제로 언론에 노출되지 않는다. 가공식품이나 패스트푸드 회사에서 광고 의뢰가 들어오지 않을지도 모른다는 두려움 때문이다. 많은 젊은이가 겉모습에 취해 재능 이상으로 그들을 추종한다는 사실에도 불구하고 유명 스타들은 가급적 자신의 경력에 영향을 줄 수 있는 논란의 여지는 차단하려 한다.

  언젠가 어느 유명 스타의 매니저가 나에게 아무도 제인 폰다처럼 되고 싶어 하지 않는다는 말을 들려주었다. 이는 그녀가 좌익 성향의 정치적 견해를 밝혔기 때문이다. 심지어

1970년대에 어떤 극장주는 그녀가 출연한 영화의 상연을 거부하기도 했다.

　자유기업체제 속에서 사람들은 영리단체로부터 제공받을 수 없는 무언가를 원할 때 대체로 정부에 기대를 한다. 실제로 1970년대에는 소비자가 환경을 파괴하는 기업 활동을 제재해 줄 것을 요청하면 정부는 그 일을 원만하게 처리했다.
　하지만 식품 회사나 제약 회사의 경우에는 정부도 별다른 도움이 될 것 같지 않다. 매체 구성원들과 마찬가지로 관료들은 소비자로서 그릇된 정보를 갖기 쉽고 근본적인 문제를 제대로 인식하지 못하기 십상이다. 만약 그들이 식품과 건강에 대해 어떤 생각을 하고 있는지 알고 싶다면 그들의 허리둘레와 식이요법을 관찰해 보라. 무엇보다 심각한 현실은 식품 회사와 제약 회사가 이미 오래 전부터 정치인들을 효율적으로 조종해 왔다는 점이다. 따라서 정부가 해결사 노릇을 하기는커녕 오히려 그들 자체가 문제의 일부분이 될 확률이 높다.

　냉전이 종식된 오늘날에는 모스크바에서 베이징까지 민주적인 사고가 보편적으로 퍼져 있다. 그럼에도 미국 인구의 절반이 개인적으로 마치 강압적인 정부나 독재자의 지배를 받는 것처럼 살고 있다. 무지막지하게 이윤을 추구하는 기업들의 보이지 않는 손에 의해 일상생활, 꿈, 그리고 행복까지 제한을 받으며 새로운 형태의 노예로 전락해 있는 것이다.

미국에서 1조 달러의 식품 산업과 1조 4,000억 달러의 의료 산업을 형성하고 있는 수천 개의 기업은 마치 콘서트처럼 대규모로 이뤄지는 음모의 한 부분을 담당하고 있는 듯이 보인다. 소비자야 어찌되었든 그것은 그들에게 보편적인 경제 법칙에 따른 경제 활동이다.

식품 산업의 활황과 정부의 무능력으로 인해 지난 20년간 미국의 비만 인구는 거의 2배로 늘어났다. 1980년의 약 15퍼센트에서 2000년에는 약 27퍼센트로 늘어난 것이다. 그러면 이 문제를 인간이 겪는 '고통'의 입장에서 다시 한 번 생각해 보자.

사람들의 가장 귀중한 자산인 웰니스Wellness: 웰빙에서 유래한 말로 복지, 안녕, 행복, 번영을 뜻한다를 지켜줄 해결책과 정보, 그리고 동기 부족으로 7,700만 명이 임상적으로 비만이고 1억 8,400만 명이 과체중과 건강 이상으로 고통 받고 있다. 하지만 미국인의 39퍼센트는 과체중이 아니다. 이것은 미국이 이미 '가진 자'와 '갖지 못한 자'로 나뉜, 다시 말해 건강을 성공적으로 관리하는 사람과 그렇지 못한 사람으로 나뉜 건강 지상주의 국가가 되었음을 의미한다.

39퍼센트에 속하는 수백 명의 사람들은 과거 어느 때보다 건강하게 살아간다. 여기에 포함되는 사람들은 대개 자신의 외모에 따라 수입이 결정되는 유명 스타와 미국 사회를 이끌고 선도하는 사람들이다. 이들 그룹은 식이요법, 운동, 비타민, 영양, 의료용품, 노화 과정 등에 대한 혁신적인 접근법을 기꺼이 받아들인다.

이러한 행운 그룹을 살펴보면 우리는 새로운 산업의 시작을 예측할 수 있다. 그 산업은 바로 현재의 질병 관련 산업을 훨씬 압도하는 웰니스 산업이다. 이 책을 읽고 있는 사람은 누구나 상류의 웰니스 그룹에 속할 수 있다. 때로 나는 누군가의 삶을 바꿀 수 있는 설교문을 쓴 다음, 누구도 그것을 궁금해 하지 않는다는 것을 알게 된 목사가 된 듯한 느낌이 든다.

나는 커다란 바람을 가지고 이 책을 썼다. 그것은 웰니스 관련 독자가 자신이 알고 있는 것을 친구, 이웃, 가족에게 적극 알리는 것이다. 현대 의학은 너무도 오랫동안 삶의 질에 무관심했고 단순히 삶을 연장시키는 데만 관심을 기울여 왔다.

이제 잠시만 여러분 주변에서 건강이 좋지 않거나 과체중인 사람을 떠올려 보라. 그들이 다음달까지 6킬로그램을 감량하고 하루 종일 열심히 일한 뒤에도 가족과 즐길 수 있는 활력을 찾게 되는 모습을 그려 보라. 또한 나이를 먹으면 몸의 여기저기가 고장 나는 것은 당연하다는 말과 달리 고통 없는 노년을 보내는 모습을 상상해 보라. 만약 그렇게 된다면 삶이 얼마나 아름답게 느껴질까?

THE NEXT TRILLION

다음 천만장자는 어디에서 나올까?

제2장

약이 음식이 되고 음식이 약이 되어야 한다

제 2 장
약이 음식이 되고 음식이 약이 되어야 한다

인간이 몸을 건강하고 튼튼하게 유지하면 신의 길로 가까이갈 수 있지만, 허약하면 창조주에 대한 어떠한 이해나 접근도 불가능하다. 몸을 약하게 하는 것은 어떤 것이든 피하고 몸을 강하게 할 수 있는 습관을 기르는 것이 인간의 의무다.
● 모세스 마이모니데스(Moses Maimonides, 1136~1204, 유대계 철학자이자 의학자, 천문학자)

세계적인 종교가 대부분 성공적으로 안착한 이유는 신자들의 정신적 욕구를 교화했기 때문이다. 십계명과 모세의 율법을 받아들인 이스라엘 민족으로부터 324년에 예수 그리스도의 교의를 채택한 로마인에 이르기까지, 사람들은 내세에 대한 약속보다 현세의 세속적인 문제를 다뤄준다는 점에서 종교적 법률을 따른다.

비록 사람들의 인식은 각각 다르지만 유대교, 기독교, 회교의 교리는 만인을 위한 지상의 세속법으로 발전했다. 그 대표적인 예가 미국의 헌법이다. 또한 종교는 인간이 좀 더 나은 삶을 위해 옳은 선택을 하도록 가르치고, 올바른 신념 아래 그러한 선택을 할 수 있게 한다. 그런 행동이 바로 인간과 동물의 차이점이다. 먹고 배설하고 성교하는 등의 생물학적 욕구에 있어서는 인간도 동물과 같다. 한 가지 중요한 차이점은 인간에게는 생물학적 욕구 이상의 것을 배우려 하는 마음과 정신이 있다는 것이다.

오늘날 유행하고 있는 기만적인 행동, 비윤리적인 상행위, 그리고 삶의 가치를 파괴하는 수많은 행동을 거부하고 좀 더 장기적인 이익을 선택하게 하는 것이 종교적 교리다. 자신의 행동이 설사 합법적일지라도 일시적인 만족을 거부하고 멀리 내다봐야 한다. 그런데 우리에게 가장 중요한 선택이라고 할 수 있는 '무엇을 어떻게 먹느냐'의 문제는 대개 종교의 영역 밖에 있다.

먹을 것을 탐하는 탐식은 〈출애굽기〉 이래로 초기 기독교에서 7가지 치명적 죄악 중 하나로 지적돼 왔다. 심지어 〈신약성서〉는 탐식하는 자는 가난해질 것이라고 예언하고 있다. 아이러니한 사실은 오늘날 인구의 61퍼센트가 체중과다 상태이고 대부분의 종교와 신앙 조직이 탐식을 간과하고 있다는 점이다. 심지어 엄격한 유대교나 회교 같은 종교에서도 신자들의 실질적인 식이요법보다 케케묵은 종교적 청빈의 법칙에 초점을 맞춤으로써 가장 중요한 문제를 놓치고 있다.

그 이유 중 하나는 주요 종교가 대개 농업적 빈곤의 시대에 설립되었다는 데 있다. 그들은 주요 식이요법이 과거의 빈곤과 청빈의 문제에서 오늘날의 과식과 영양 불균형의 문제로 옮겨간 변화를 따라잡지 못했다.

오늘날 음식이 풍부한 대부분의 선진국가에서 신앙이 있는 사람들은 신에 대한 감사의 기도와 함께 식사를 시작하며 그 자녀들은 접시에 담긴 음식을 남기지 않도록 교육받는다. 어린이들은 오직 배가 고플 때만 음식을 먹도록 배우고 일시적인 미각의 충동으로 음식을 가까이하지 않도록 가르침을 받는다. 그럼에도 아이러니하게 어린이의 비만화가 어른의 비만화보다 훨씬 빠르게 진행되고 있다.

또 다른 이유는 무지에 있다. 대다수 종교 지도자는 음식과 건강에 대한 잘못된 정보로 인해 건강한 삶을 위해 어떤 음식을 먹어야 하는지 잘 모른다. 거대한 종교가 널리 보급된 이유는 그들이 사회의 악행과 신자들의 세속적인 욕구를 교화시켰기 때문이다. 오늘날에는 신자들이 자신의 체중과 건강에 대해 책임감을 느끼도록 하는 것보다 더 큰 교화는 없을 듯하다.

사람들이 좀 더 나은 삶을 위해 올바른 선택을 하도록 고무

하는 것으로 신념보다 더 큰 동기유발 요소는 없다. 신념은 생물학적 충동이 자아내는 그 어떤 욕구보다 원대하고 더욱 강한 목적의식을 갖게 한다. 미국인의 95퍼센트 이상이 신을 믿고 있으며 약 60퍼센트는 규칙적으로 계획된 신앙의식을 치른다.

음식과 건강에 대한 올바른 선택은 모세, 예수, 그리고 무함마드와 그들의 기본적인 계율의 가르침으로 거슬러 올라간다. 적당하고 건강한 신체를 유지해야 신에 가까이 다가갈 수 있다는 생각은 〈신약성서〉와 〈구약성서〉에 명확히 나와 있지만, 중세기에는 그리스 로마 박해자들에 의해 육체적 외모와 미의 강조점이 달라짐으로써 후퇴하게 되었다.

하지만 세계적인 종교들의 설립 교리를 꼼꼼히 살펴보면 '신은 우리가 건강하기를 원한다'고 명백히 밝히고 있다. 세계 3대 종교의 보편적인 부분인 창세기를 보면 신은 에덴동산을 통해 모든 나무를 아름답게 만들었고 좋은 양식을 생산하도록 했다고 되어 있다. 다양한 음식에 대한 이러한 언급은 단순한 미적 의미를 뛰어넘는다.

인체는 화학적 에너지를 위한 음식 섭취와 더불어 매일 13가지의 기본적인 비타민을 필요로 한다. 그것은 대부분 인체 내에서 생산되지 않는다. 이들 비타민은 특정 무기질과 함께 인체가 매일 수행하는 수많은 화학적 반응을 보충해 주기 때문에 우리는 날마다 다양한 과일과 채소를 적당히 섭취해야 한다. 그러나 외관상 건강해 보이는 많은 사람을 포함해 대다수의 미국인이 인체가 요구하는 비타민과 무기질을 최소량조차 섭취하지 못하고 있다.

이러한 결핍은 단기적으로는 에너지 부족, 합병증, 시력 저하, 청력 감퇴, 그리고 현대 의학이 나이를 먹으면 당연히 나타나게 되는 질환이라고 말하는 증상으로 이어진다. 장기적으로는 암이나 심장질환 같은 큰 병을 유발한다.

비타민과 무기질뿐 아니라 인간의 삶이나 질병에 영향을 미치는 자연적인 영양물질은 매우 많다. 기억력을 증진시키는 은행에서부터 허브의 하나로 예로부터 우울증 치료제로 이용된 세인트존스워트St. John's Wort까지, 이들 오래된 자연적인 의약품들은 다음과 같은 유대 신비주의 사상을 떠올리게 한다.

"신은 질병을 주기 전에 치료약을 먼저 만들었다."

많은 사람이 교만하게도 우리가 대단한 과학적 지식의 시대에 살고 있다고 착각한다. 만약 그렇게 생각한다면 영양, 비타민, 무기질, 자연적인 영양물질, 그리고 그것이 질병을 예방하고 노화를 억제하는 면역체계를 어떻게 지탱해 주는가를 살펴보라. 이러한 시스템에서 우리는 주로 전염병을 지배하게 된 2세기 이전의 의학적 과학에 의존할 수밖에 없다.

  19세기 이전에 의사들이 취급한 의약품은 불과 몇 가지에 지나지 않았고, 이들은 수많은 시행착오를 겪으며 어떤 약품이 어느 질병에 적합한지 관찰했다. 이러한 과정을 거쳐 의학적 지식은 수세기에 걸쳐 축적됐고 때론 다른 문화권으로부터 전파되기도 했다.
  그러나 의사들은 의약품과 치료법이 효과적일 때조차 그것이 효과를 발휘하는 이유를 정확히 알지 못했다. 감염, 접종, 그리고 항생물질을 설명하는 기본적인 이론들은 복잡한 광학적 현미경이 널리 보급될 때까지 기다려야만 했던 것이다. 물론 현미경은 17세기 초에 발명됐지만 그것이 보편화된 것은 19세기 후반 무렵이었다. 현미경은 세포와 박테리아를 볼 수 있게 해주었고 덕분에 과학자들은 그런 것이 어떻게 활동하는지 알 수 있게 됐다.

  19세기 후반과 20세기 초반, 과학자들은 천연두나 장티푸스처럼 그동안 인류를 괴롭혀 온 질병의 존재를 하나하나 밝혀냄으로써 세계적으로 영웅이 되었다. 이러한 성공에 고무된 서구 의학계는 그때까지의 과학 기술 수준으로는 설명할 수 없던 오래된 치료법이나 의약품들을 경시하기 시작했다.

생물학적 기본 단위인 세포는 직경이 20마이크로미터 정도다. 이는 핀의 머리부분을 메우는 데 1만 개의 세포가 있어야 할 정도의 크기를 말한다. 현미경은 물리적인 이유로 반짝이는 빛의 파장보다 약 1/2 이상 근접해 있을 때는 세포의 움직임을 관찰할 수 없었다. 예를 들어 박테리아 세포는 가시광선 파장의 약 1/10이다.

하지만 오늘날 우리는 비타민, 무기질, 영양물질이 수행하는 결정적인 생화학적 기능은 세포질적 수준이 아닌 분자적 수준에서 일어난다는 것까지 알고 있다. 각각의 세포는 수조 개의 분자로 이뤄져 있기 때문에 이러한 기능은 심지어 광학 현미경으로도 밝혀내기 어렵다.

최근에 전자 현미경이 발명될 때까지 과학자들은 세포의 분자 구조와 그것이 어떻게 기능하는지 연구할 수 없었다. 물론 이것 역시 1800년대의 광학 현미경과 마찬가지로 아직 일반적으로 보급되진 않았다. 탓에 대부분의 서구 의료 학교에서는 영양의 중요성과 비타민, 무기질, 자연적인 영양물질의 효과 등을 가르치는 데 무심했다.

지적설계론자인 생화학자 마이클 베히Michael Behe는 "믿을 만한 지식을 연구할 때 결과에 도달하기까지 상당히 오랫동안 어려운 과정이 지속된다"고 말한다. 대부분의 인류사에서 과학자들은 모든 물질은 그들의 눈으로 볼 수 있는 4가지 기본 요소, 즉 흙, 공기, 물, 불로 이뤄져 있다고 믿었다. 이와 유사하게 생물학자들도 모든 살아있는 신체는 4가지 액체, 즉 혈액, 황담즙, 흑담즙, 점액으로 구성된다고 생각했다. 그리고 이들 4가지 액체 중 한 가지라도 과다 분비되면 질병이 발생한다고 믿었다. 물론 과학이 발달하면서 그들의 시야는 대폭 확장됐다.

과학적 세계에서는 간혹 엄청난 변혁이 일어나기도 한다. 이에 대해 베히는 "하지만 아무리 확고한 이론도 변혁의 기간에 일단 의구심이 제기되면 마치 세상에는 이치에 맞는 것이 아무것도 없는 것처럼 보인다"고 지적했다. 나는 음식과 영양에 대한 최근의 생물학적 연구에 몰두한 후, DNA와 인간의 영양에 관계가 있다는 그의 설명을 믿게 되었다.

나는 이 책의 〈부록 1〉에서 음식과 비타민 그리고 무기질이 어떻게 기능하는지 요약해 놓았다. 가능하면 가장 최근의 정보를 수록하고자 했지만 이 분야의 지식이 너무 빨리 발전하고 있기 때문에 이 책이 세상에 나올 무렵이면 더 나은 이론이 등장할지도 모른다.

새로운 비타민, 무기질, 그리고 자연적인 영양물질과 관련해 내가 해줄 수 있는 최상의 조언은 임상 연구를 장기적으로 관찰하고 자신에게 무엇이 잘 맞는지 주의 깊게 살펴보라는 것이다. 수많은 사람의 실질적인 경험을 통해 그 결과가 입증될 때까지는 그 시대의 과학적 이론에 결코 관심을 기울일 필요가 없다. 늘 기억해야 할 것은 '자연적' 이라고 정의되는 모든 비타민, 무기질, 자연적인 치료제 및 영양물질은 인간과 천 년 이상 함께하면서 발전해 온 것을 의미한다는 사실이다. 어떤 것이든 자연에 가까운 것이 좋으며 여러분이 먹는 약이 음식이 되고 음식이 약이 될 수 있어야 한다.

12세기의 유대계 철학자이자 의학자인 모세스 마이모니데스는 유대교인, 기독교인, 그리고 이슬람교인으로부터 모든 시대에 걸쳐 가장 위대한 이론가로서 존경을 받았다. 그는 건강의 의무는 우리가 창조주를 알고자 하기 이전에 반드시 실천해야 할 신앙적 의무이자 최우선의 명령이라고 주장했다.

오늘날 일부 종교는 신자들에게 식이요법을 권하고 있다. 그들의 프로그램 중 하나인 '웨이트다운 다이어트Weigh Down Diet' 는 과식과 탐식은 죄악이라는 철학적 사고에 사상적 근거를 두고 있다. 실제로 미국에서는 교회가 주관하는 3만 여 개의 체중감량 시설이 수많은 참가자에게 큰 호응을 얻고 있다.

웨이트다운 다이어트와 그밖에 다른 프로그램은 과식의 부정적, 죄악적인 면을 강조한다. 물론 이러한 프로그램은 성공적이지만 나는 다수의 미국인을 위한 해결책으로 더욱 긍정적인 접근법을 기대하고 있다.

　나는 유대교 집안에서 자라났고 종교적 식이요법 규율을 엄격히 지켰다. 따라서 바다가재, 새우, 돼지고기처럼 종교에서 허용하지 않는 음식은 입에 대보지 못했다. 그러나 내가 얼마나 빨리 음식에 대한 이런 종교적 규율을 버렸는지 아는가? 열일곱 살이 되어 대학에 가자마자 나는 이 규율을 내던졌다. 그것은 내가 대학을 졸업한 이후까지 계속됐으며 그제야 나는 자라면서 내가 무엇을 잃어버렸는지 알게 되었다.
　일부 엄격한 유대교인은 성서적 규율에서 명시한 음식만 먹도록 요구하는 것은 박해가 아니라 일종의 신의 선물이라고 말한다. 그들은 식사 전후에 이러한 사실에 대해 신에게 감사 기도를 올린다. 그렇다고 내가 종교적 음식만 고집했던 내 부모님의 접근법을 부정하는 것은 아니지만, 그들이 그 실행에서 속았다고 생각한다. 실제로 그들은 종교적 음식 업체들의 경제적 이해관계에 부당하게 이용되었다. 이들 업체는 종교적 식이요법 유지를 강조하며 그 본래의 의도보다 식품 브랜드와 랍비적 은총을 돈과 연결시키는 데 더욱 관심을 기울이고 있었다.

그러면 여기서 그리스인의 지혜를 살펴보자. 그들은 인간의 육체적 힘, 건강, 미를 창조적 재능, 지능, 근면성, 도덕적 특질과 함께 인간의 아레테arete: 어떤 것에 능함 혹은 탁월함 혹은 뛰어남의 일부로 인식했다. 외적인 미는 내적인 미의 외적 표현이라고 믿었던 것이다.

오늘날 아레테를 위해 노력하는 사람은 성공하고자 자신의 건강과 미를 유지하는, 즉 '미적인 전문가'다. 예를 들어 영화배우, 토크쇼 진행자, 기타 연예인들은 음식, 운동, 비타민, 영양 공급, 의학적인 제품, 노화 등의 관리에서 일반적인 사람과 차이가 있으며 그들의 방식은 베일에 가려져 있다. 이들은 다른 사회 지도층이나 선도적인 사업가와 마찬가지로 건강과 영양 분야에서 일어나고 있는 혁명적인 변화를 누구보다 빨리 받아들인다.

그들의 음식과 건강에 대한 관리는 거의 종교적 수준이다. 또한 그들은 부단한 운동과 더불어 음식을 조절하고 강한 자기억제를 보이며 노력한다. 이것은 다른 사람에게는 고통스러워 보일지도 모르지만 이들에게는 즉각적인 보상이 이뤄지는 행복한 경험이다.

어떤 사람은 '건강한 삶은 일종의 박해'라고 생각한다. 우리가 즐기는 것에 대해 끊임없이 '안 돼'라고 말하기 때문이다. 하지만 자기관리에 철저한 사람들은 자신이 선택한 방법을 축복을 주는 지식으로 받아들인다. 그들은 자신의 건강 식이요법에 대해 엄격한 유대교나 회교도인이 수세기를 거치면서 자신의 식이요법에 계율의 가치를 부여한 것과 같은 의미를 부여한다.

7년 전, 나는 정신적인 이유로 육류를 섭취하지 않았다. 그때 여러 사람과 식사하게 될 경우 내가 고기를 거절함으로써 고기를 함께 먹지 못하는 것을 미안하게 생각한 경험이 있다. 나는 내 정신적 신념을 다른 사람에게 강요하고 싶지 않았기 때문에 그들과의 논쟁을 피했다. 나중에야 나는 소량의 식사나 육류를 섭취하지 않는 것이 건강에 도움이 된다는 사실을 알게 되었다. 나는 그러한 지식을 다른 사람과 나눌 기회를 놓치게 된 것을 후회한다.

마흔 살 무렵 나는 내가 굉장히 건강하다고 생각했고 몸매도 그럭저럭 균형이 잡혀 있었다. 1년에 한두 번의 평범한 감기를 제외하면 결코 아파본 적도 없다. 이후 7년간 나는 몸을 단련하면서 면역체계를 강화했는데, 덕분에 마흔일곱 살이 된 지금 마흔 살 시절은 물론 스무 살의 젊음까지 느끼고 있다. 규칙적인 운동과 식이요법으로 내 정력과 정신, 감각이 믿을 수 없을 정도로 좋아진 것이다.

내 아버지는 가끔 소크라테스의 원칙을 강조하셨는데 그것은 '진정한 지식은 네 스스로가 무지하다는 것을 깨우치면서 시작된다' 는 것이다. 내가 지난 10년간 배운 것은 우리는 아직도 우리가 느낄 수 있는 강함과 건강함의 한계선까지 도달하지 못했다는 사실이다.

그렇지만 많은 사람이 자신의 건강이 심각하게 망가지지 않으면 절대 행동에 옮기지 않는다. 또한 그들은 내가 마흔 살 이전에 그랬던 것처럼 자신은 건강하기 때문에 아직 망가지지 않은 것을 고치는 데 많은 시간을 낭비할 수 없다고 생각한다.

건강을 증진시키는 것은 마치 산에 오르는 것과 같다. 여러분이 오른 봉우리는 단지 산맥의 더 높은 봉우리를 오르기 위한 기초에 지나지 않으며, 앞으로 꾸준히 나아가지 않으면 더 높은 봉우리는 절대 정복할 수 없다. 이제라도 건강을 증진시키는 데 동참하라. 인체는 세월이 가고 나이를 먹기 때문에 망가지는 것이 아니라 관리하지 않기 때문에 망가지는 것이다.

THE NEXT TRILLION

다음 천만장자는 어디에서 나올까?

제3장

웰니스 산업을 주도하는 베이비붐 세대

제3장
웰니스 산업을 주도하는 베이비붐 세대

"이럴 수가!"
나는 늙어가면서 무섭고 끔찍하게 변할 테지만 이 그림 속의 나는 늘 젊은 채로 있을 것이다. 만약 내가 늘 젊고 그림이 늙어간다면, 그럴 수만 있다면 나는 모든 것을 바칠 텐데! 그렇게만 된다면 내 영혼이라도 바칠 텐데!
● 《도리안 그레이의 초상(The Picture of Dorian Gray)》, 오스카 와일드(Oscar Wilde, 1891)

이 책을 연구하고 집필하기 시작했을 때 나는 마음속으로 2가지 목표를 세웠다. 하나는 음식과 의료 산업의 사악한 행위를 세상에 밝히는 것이고, 다른 하나는 사람들이 건강을 위한 노력이나 의약품을 선택하는 과정에서 올바른 선택을 하도록 가르치는 것이다.

사람들에게 돈을 벌 수 있는 새로운 사업 기회를 설명하는 것은 내 목표에 포함되지 않았다. 하지만 이 책을 집필하기 위해 음식과 의약품에 대한 연구에 몰두한 결과, 나는 21세기에 엄청난 기회를 창출할 새로운 산업이 다가와 있음을 알게 되었다. 그 기회는 아마도 1990년대 후반기에 인터넷 갑부들이 누렸던 기회를 능가할 것이다.

오늘날 미국 경제의 약 1/7에 해당하는 1조 4,000억 달러가 건강용품 산업과 관련돼 있다. 사실 제대로 말하자면 '건강용품 산업'이 아니라 '질병 산업'이 맞다. 그 1/7에 해당하는 산업이 건강 이상, 질병, 약하고 불완전한 몸 상태, 특별한 질환과 관련되어 있기 때문이다.

흥미롭게도 이 엄청난 규모의 질병 산업은 수동적이고 반응적이다. 사람들이 특수한 상태나 병에 걸릴 때만 고객이 되는 특징을 보인다는 얘기다. 누구도 이 산업의 진정한 고객이 되길 바라지 않는다. 2010년에 미국 경제에서는 추가적인 1조 달러가 웰니스 산업에서 운용될 것이다. 웰니스 산업은 질병 치료가 아닌 예방에 중점을 두며 고객은 건강하고자, 다시 말해 질병 산업의 고객이 되는 것을 피하고자 자발적으로 고객이 된다. 이 점에 비춰 우리는 다음과 같은 정의를 내릴 수 있다.

▶ 질병 관련 산업: 평범한 감기에서 암 같은 종양에 이르기까지 질병에 반응해 제품 및 서비스를 제공하는 산업이다. 이러한 제품 및 서비스는 질병의 징후를 치료하거나 질병을 없애는 데 사용된다.
▶ 웰니스 관련 산업: 현재 질병이 없는 건강한 사람들이 더욱 건강하고 노화 속도를 늦추도록, 또한 질병이 생기는 것을 예방하도록 하기 위해 제품 및 서비스를 제공한다.

두 산업의 분류는 때로 각각의 제품 및 서비스 범주와 별개로 도출된다. 예를 들어 수술의 경우 생물학적 기준이 설정돼야 한다. 정상적인 상태에서 단순히 외모를 좋게 하기 위한 미용적 수술은 웰니스 산업으로 분류된다. 반면 언청이 입술처럼 선천적 결함을 고치기 위한 수술은 질병 산업으로 분류된다. 또한 근시를 치료하기 위한, 즉 기능 장애를 제거하기 위한 라식 수술은 웰니스 산업으로 분류되는 반면, 근시를 위해 안경을 제공하는 것은 질병 산업으로 분류된다.

　어떤 사람은 자신의 체력을 유지 및 증진시키기 위해 헬스클럽에 가입한다. 체중을 줄일 목적으로 헬스클럽에 가입한 경우 질병 산업으로 분류할 수도 있으나 그것은 웰니스 산업이다. 일부에서는 '비만은 일종의 질병'이라며 질병 산업이라고 주장하지만 체중감량 산업은 분명 웰니스 산업이다. 지난 세기에 의학적 기술이 소아마비에서 장티푸스에 이르기까지 큰 질병을 뿌리 뽑은 것처럼, 나는 웰니스 산업이 체중감량 산업에 대한 필요성을 완전히 없애주길 바란다.
　오늘날 초기 단계에 있는 웰니스 산업은 다음 산업의 일부를 포함한다.

- ▶ 비타민
- ▶ 영양식품
- ▶ 미용적 성형 수술
- ▶ 자발적인 시력 수술(라식, 방사성 각질 수술)
- ▶ 미용적 피부 관리
- ▶ 유전공학(성별 감식, 출산율 증대)
- ▶ 미용적, 보정적 치아 관리
- ▶ 헬스클럽
- ▶ 헬스와 운동기구
- ▶ 자발적 약물 섭취: 비아그라(조루 치료제), 로게인(두발 촉진제)
- ▶ 건강보조식품
- ▶ 건강식품 레스토랑
- ▶ 체중감량제

이들 산업은 대개 1, 2세기 전만 해도 경제적으로 눈에 띄는 수준이 아니었지만, 이미 연 매출이 약 2,000억 달러에 육박하고 있으며, 이는 미국 자동차 산업의 절반 정도에 해당한다. 하지만 이러한 수치는 웰니스 산업의 향후 10년을 생각한다면 빙산의 일각에 불과하다. 그 예측의 가장 큰 근거는 인구 통계에 있다.

미국의 출생률은 제2차 세계대전 후인 1946년~1964년에 780만 명이 태어나면서 엄청난 증가율을 보였다. 반면 1946년 이전의 같은 기간에는 500만 명이 태어났으며, 1964년

이후의 같은 기간에는 훨씬 거대해진 인구가 뒷받침했음에도 660만 명이 태어났다. 1946년~1964년에 인구가 엄청나게 증가한 것은 베이비붐 세대와 관련이 있다. 우리가 이것을 '붐'이라고 부르는 이유는 1964년 이후에는 출생률이 급격하게 떨어졌기 때문이다. 만약 이러한 변화가 없었다면 출생률은 특정 인구 층을 창출해 낸 사건이라기보다 장기적인 추세로 표현됐을 것이다.

어떤 사회에서든 특정 기간에 사람들의 관심을 불러일으키는 화젯거리는 한정돼 있다. 인구가 정상적으로 증가하는 경우에는 대개 사회의 젊은층이 보이는 관심과 취향이 화제를 주도한다. 그러나 1946년~1964년에 태어난 사람들은 이들이 젊었을 때뿐 아니라 유아기부터 노년기에 이르기까지 화제를 뿌리고 있다. 예를 들어 이들이 유아기였을 때는 유아용품이 붐을 일으켰고 학령기가 되면서는 부족한 학교를 짓느라 나라 전체가 한바탕 홍역을 치렀다.

또한 1960년대 후반과 1970년대 초기에는 라디오방송에서 현대적인 것보다 옛것을 들려주는 프로그램이 더 인기가 많았다. 이는 성인이 된 1세대 베이비붐 세대가 그들이 젊었을 때 들었던 음악을 계속 듣게 되면서 나타난 현상이다. 나아가 1970년대에 접어들면서 옷, 자동차, 주택, 가구, 산업 디자인, 그리고 상업적 건축물 등의 유행에서 베이비붐 세대의 영향력을 증명하듯 복고풍 성향이 강하게 나타났다. 이때 '복고'라는 신조어가 만들어졌고 이는 1974년에 사전에 수록되었다.

1980년대와 1990년대에 경제적으로 가장 왕성한 활동을 보인 이들의 경제적 지배는 2010년 이후까지 지속될 것이다. 이를 보여주듯 베이비붐 1세대가 은퇴기에 접어든 오늘날 건강과 더불어 노년층을 겨냥한 실버산업이 갈수록 그 영역을 확장하고 있다.

건강 산업에 대한 이들 그룹의 경제적인 영향력은 매우 강하다. 그 이유는 이들이 노화 과정을 소극적으로 받아들이지 않기 때문이다. 그러면 이들의 영향력을 매우 적절하게 표현한 어느 책의 내용을 잠깐 살펴보자.

"베이비붐 세대와 관련해 가장 중요한 사실은 그들이 여전히 젊은층 시장을 주도하고 있다는 점이다. 그들은 10대와 20대에도 젊은층 시장을 만들어냈지만, 40대와 50대가 되어서도 '마음은 청춘'이라는 말을 증명하듯 나이와 상관없이 젊은층 시장을 주도하고 있다. 그들은 대개 그들의 부모 세대가 살아온 생활태도나 라이프스타일을 거부하며 새로운 라이프스타일을 창출하고 있다. 그들이 원하는 것이 무엇인지 충분히 파악하는 사업가는 고객 수요의 흐름을 따라잡을 수 있을 것이다."

베이비붐 세대는 이미 역사상 가장 거대한 주식 시장과 주택 붐, 국제 항공의 성장, 개인용 컴퓨터, 인터넷, 스포츠, 레저용 차량 등의 시장을 주도했다. 쉽게 말해 그들은 10조 달러 규모의 미국 경제에서 약 5조 달러를 책임지고 있다. 특히 지속적으로 젊음을 유지하고자 하는 이들의 열망은 미국 경제에 1조 달러 규모의 시장을 새로 창출해 내고 있다.

향후 10년 내에 미국 베이비붐 세대의 웰니스 관련 소비는 1조 달러 이상으로 늘어날 것이다. 수천 가지는 아닐지라도 수백 가지의 개선된 웰니스 관련 상품 및 서비스가 향후 10년 내에 연구실을 나와 상품화할 것이기 때문이다. 여기에는 발전된 형태의 비타민과 무기질, 감기와 질병을 누그러뜨리는 새로운 영양물질, 항암·당뇨·고혈압·뇌졸중·비만·면역성 등 다양한 효과를 발휘하는 천연성분, 자연적 호르몬, 주름을 제거해 주고 마사지를 통해 세포에 젊음을 주는 노화 방지 크림 등이 포함된다.

이러한 흐름은 이제 시작에 불과하다. 베이비붐 세대는 음악에서 복고풍을 주도했듯 주택, 독립적인 라이프스타일은 물론 웰니스 산업을 주도할 것이다. 더욱이 1965년에서 1979년 사이에 태어난 소위 X세대는 이제 중년층에 접어들었다. 이들과 그 이후의 세대는 건강과 노화에 대해 베이비붐 세대가 만들어 놓은 예방적 접근법을 하나의 표준화된 의료 과정으로 받아들일 것이 분명하다.

지난 20년간 개인용 컴퓨터 산업이 그랬던 것처럼 효과가 좋은 웰니스 제품 및 서비스는 지속적으로 수요가 증가할 것으로 보인다. 중요한 사실은 웰니스 산업의 안정성을 이끌어 낸 이러한 품목이 조만간 유전자 관련 웰니스 상품에게 자리를 내줄 거라는 점이다.

그러면 다시 세포 이야기로 돌아가 보자. 우리 몸을 구성하고 있는 세포는 끊임없이 죽고 새롭게 생성된다. 세포질 수준으로 볼 때 생화학적으로 가장 건강한 활동을 돕는 물질은 개개의 세포가 최적의 수준으로 재생산되는 데 필요한 단백질, 비타민, 무기질이다. 그런데 일생 중 어느 순간에 '무언가'가 신체 조직 내의 세포에게 재생산을 중단하도록 명령한다. 이것은 노화와 질병을 유발하고 심하면 죽음이 찾아온다. 또 때로는 '무언가'가 조직 내의 비정상적인 세포의 과다 증식암을 명령함으로써 조직 기능을 망가뜨린다. 이런 일은 세포나 조직이 생화학적으로 결핍 상태가 아닌 경우에도 발생한다.

오늘날 우리는 그 '무언가'가 생명체의 유전자 암호 속에서 가장 많고도 복잡한 구조 중 하나라는 것을 알게 되었다. 우리는 그것을 DNA 혹은 디옥시리보핵산이라고 부른다. DNA는 선천적 특질과 복제성에 대한 유전자 암호를 포함하는 모든 세포 속에서 만들어진 조직 복합체다.

 우리의 유전자 암호는 A, T, C, G라는 네 개의 특질이 30억 개 이상 복합적으로 짜인 인간 판본이다. 우리가 DNA라고 부르는 이 물질은 1869년에 발견됐지만 그것의 유전자로서의 역할은 20세기 후반에야 밝혀졌다. 물론 지금은 인간 게놈의 지도까지 완전하게 완성됐다.

 웰니스 관련 제품 및 서비스에 대한 수요는 기본적으로 노화 유발 유전자 암호에 의해 이뤄진다. 그리고 이러한 유전자 암호에 대한 이해는 장기적으로 웰니스 산업에 엄청난 가능성을 안겨준다. 예를 들어 작은 면봉이나 긁개로 입에서 타액을 추출해 한 사람의 DNA를 검사하면 그에게 어떤 질병이 나타날지 예측할 수 있다. 나아가 최근 완성된 인간 게놈 지도를 근거로 볼 때, 오래지 않아 인간의 외적 요인으로 유발되지 않은 모든 미래 질병 및 상태를 예견하는 것까지도 가능해질 전망이다. 이미 이러한 형태의 실험이 다양하게 시도되고 있다.

 미래의 질병과 인체의 상태를 예견하는 정보를 이용할 경우, 웰니스 제품 생산자는 이에 근거해 비타민이나 영양소를 적절히 제공할 수 있다. 예를 들어 골다공증으로 발전할 유전자 특질을 보인다면 칼슘 섭취를 권하고, 전립선에 문제가 있는 유전자 특질이라면 소팔메토Saw Palmetto, 톱야자를 섭취하도록 지시하는 것이다.

여기서 더 나아가면 기술 진보가 이러한 비타민이나 영양소를 유전적 중재자로 대체한다. 이는 질병으로 발전할 특질을 보이는 문제의 유전자를 실질적으로 바꾸거나 치료한다는 얘기다. 하지만 과학자들은 이러한 유전적 중재자가 몇 십 년 안에 유전적으로 결정된 모든 범주의 질병에 효과적일 것으로 기대하진 않는다.

THE NEXT TRILLION

다음 천만장자는 어디에서 나올까?

제4장

양적, 질적으로 계속 확대되는 웰니스 수요

제4장
양적, 질적으로 계속 확대되는 웰니스 수요

"전화기는 놀라운 발명품이다. 하지만 누가 이렇게 쓸모없는 물건을 사용하겠는가?"
● 러더퍼드 헤이스(Rutherford Hays, 1822~1893, 미국 제19대 대통령)

　웰니스 제품 및 서비스에 대한 베이비붐 세대의 수요를 결정하는 것은 크게 2가지로 나뉜다. 하나는 광범위하게 등장하는 새로운 대체 의약품이다. 만약 소비자가 이들 약품 중 어느 한 가지에서 효과를 본다면 다른 웰니스 제품 및 서비스에 대해서도 지속적으로 집착하게 될 것이다. 다른 하나는 체제가 바뀌는 건강보험이다. 현재와 같은 질병 위주의 건강보험은 체중감소, 영양에 대한 조언, 비타민이나 무기질 섭취, 금연, 그밖에 웰니스 관련 치료 및 예방 차원의 치료 등에 기꺼이 돈을 지불하려는 사람들로 인해 새로운 건강 위주 체제로 바뀌게 된다.
　웰니스 산업의 엄청난 변화를 고찰하기에 앞서 무엇보다

중요한 것은 현대 경제에서의 수요의 본질과, 무엇이 과거 10년과 현재 10년의 경제적 팽창을 이끌어왔는가 하는 것을 이해하는 일이다.

  1930년대의 대공황 시절에 대다수의 미국인은 제대로 먹지도 못하며 근근이 버텼다. 하지만 당시 영국의 경제학자 존 메이너드 케인스John Maynard Keynes는 미국의 기술 발전이 미국인이 원하는 것은 무엇이든 공급해 줄 수 있을 거라고 예측했다. 그는 미국의 프랭클린 루스벨트 대통령에게 이처럼 낙관적인 예측을 보고했다. 주요 내용은 오래지 않아 미국인은 전화, 자동차, 네 개의 침실과 욕실이 딸린 집을 갖게 된다는 것이었다.

  이때 경제학자들은 대통령에게 사람들이 일단 이러한 희망을 성취하고 나면 일하고자 하는 의욕을 잃게 될 거라고 경고했다. 나아가 만약 그들이 증가된 소득을 소비하지 않고 저축하면 미국 경제가 마비되는, 즉 자신의 성공에 자신이 희생되는 일이 발생할 거라고 예측했다.

  이에 대해 케인스는 정부가 생산적인 사람들이 더 열심히 일하도록 하되, 증가한 수입보다 더 많이 저축하지 않도록 누진소득세 같은 정책을 채택해야 한다고 주장했다. 당시에 이는 상당히 급진적인 사고방식이었다.

1913년에 연방 개인소득세가 처음으로 도입되자 일부 정책 입안자는 연간 10만 달러의 소득을 올리는 사람이 연간 1만 달러의 소득을 올리는 사람보다 10배나 많은 세금을 내는 것은 불공평하다고 생각했다. 그러나 그로부터 불과 20년이 지난 1936년에 케인스는 더 많은 소득을 올린 사람은 소득에 비례해 더 많은 세금을 내야 한다는 누진세를 옹호했다.

케인스와 그의 충고를 지지한 정책 입안자들로 인해 개인 소득세율은 1964년에 소득마진의 92~94퍼센트까지 올랐다가 1980년대에 70퍼센트로 안정될 때까지 20년간 올랐다. 이처럼 엄청난 세율을 피하기 위해 기업은 사원들과 그들의 가족에게 회사 공급용 의약품 같은 비과세수당을 지급할 수 있도록 국회에 로비 활동을 했다. 그런데 이것은 오히려 사람들에게 거의 수직적으로 상승하는 의료비용을 떠안기는 문제점을 유발했다.

예로부터 사람들은 잘한 일보다 커다란 실수를 연구하며 많은 것을 배운다고 한다. 케인스 이론은 당시에는 논리적으로 보였지만 사실은 그렇지 않다. 케인스가 예견했던 것의 정반대 현상이 일어났기 때문이다. 당시로 거슬러 올라가 저축에 대한 케인스의 획기적인 이론을 살펴보면 그가 어디에서 잘못 판단을 했는지 쉽게 알 수 있다.

1930년대에는 소비자의 수요 부족이 장기 침체의 원인이었고 당시 정부는 소비자 지출을 유도할 수 있는 대안을 찾지 못하고 있었다. 그럼에도 케인스는 그런 유형의 불황에는 정부가 증가한 소득에 대해 높은 소득세를 부과하고, 그 돈으로 정부 재정을 확대해 경제에 재투자하는 방법 외에 해결책이 없다고 확신했다. 소비자 지출을 유도해야 하는 상황에서 높은 소득세를 부과하려 했다는 얘기다.

　지난 세기, 특히 지난 20년의 소비 활동이 보여주듯 소비자들은 소비에서 결코 만족이라는 것을 몰랐다. 많이 벌수록 많이 지출하려 하고, 많이 지출할수록 많이 가지려 하고, 많이 가질수록 모든 것을 원하게 되고, 모든 것을 원할수록 그것을 얻을 수 있는 돈을 벌고자 더 열심히 일하려 했던 것이다.

　오늘날 우리가 살고 있는 이 세상에서 기술 발전은 많은 사람들의 기본적인 욕구를 충족시키고 있고, 심지어 사람들의 욕구를 한 발 앞서 새로운 제품 및 서비스를 제시하면서 끊임없이 수요를 창출하고 있다.

　세탁기가 발명되기 전에는 대다수의 미국인이 세탁하기 전까지 몇 번이나 입을 수 있는지 신경 쓰지 않고 그냥 옷이 더러워질 때까지 계속해서 입었다. 그리고 의류 제조업자는 가장 빨리 더러워지는 색상이나 소매처럼 쉽게 더러워지는 부분에 신경 써 최대한 더러움을 타지 않는 옷을 만들었다. 하지만 일단 세탁기가 광범위하게 사용되면서 사람들은 그런 것에 신경 쓰지 않고도 매일 깨끗한 옷을 입게 되었다.

헨리 포드가 처음으로 보통사람들이 소유할 수 있는 자동차를 대량으로 생산했을 때 사람들은 누가 차를 사겠느냐고 비웃었다. 당시에는 어디를 가려고 해도 이용할 만한 포장도로나 주유소가 없었기 때문이다. 또한 대부분의 사람들이 직장에 걸어서 다닐 수 있는 거리에 살고 있었다.

하지만 자동차를 소유하게 된 사람들은 자동차가 필요한 장소로 이사했고 주유소는 급격히 증가했다. 그뿐 아니라 오래지 않아 자동차는 출퇴근 용도는 물론 생활용품을 구입하는 데도 필수품으로 자리 잡았다.

그러면 전화기가 초기에 어떻게 활용됐는지 살펴보자. 대부분의 사업가는 전달할 말을 비서에게 받아쓰도록 한 다음 그 메시지를 비서가 전달하게 했다. 그들 중 상당수가 전화를 사용하는 것은 시간낭비라고 생각했기 때문이다. 이들은 비서에게 자신의 메시지를 받아쓰게 하고 수신자의 비서에게 전화를 걸어 읽어 주도록 한 다음, 다시 수신자의 비서가 받아 적어 오너에게 전달해야 한다고 생각했다. 물론 이것은 전화기가 사업가들의 의사교환 방식을 바꿔놓기 오래 전의 일이다. 이제 전화는 모든 사업가에게 절대적인 필수품이 되었다.

이 이야기는 우리에게 많은 시사점을 던져준다. 왜냐하면 많은 사람이 새로운 도구의 능력에 맞춰 작업을 재구성하기보다 현재 사용하고 있는 진부한 방법을 단순하게 수정하는 정도로만 새로운 발명품을 받아들이고 있기 때문이다.

오늘날 우리가 필수품이라고 생각하는 물건의 95퍼센트 정도가 우리가 태어날 무렵에는 존재하지 않던 것이다. 팩시밀리, 텔레비전, 항공여행, 디즈니랜드, 최첨단 의료, 스테레오, DVD, 에어컨, 개인용 컴퓨터, 영화, 패스트푸드 음식점, 드라이클리닝, 인터넷 등 그 수를 헤아리기 어려울 정도다. 심지어 의식주라는 소위 전통적인 필수품조차 우리가 그것을 기본 욕구 이상으로 소비한다는 점에서 더 이상 필수품이 아니다. 1935년에 미국인은 평균 136평방피트약 3.8평의 면적에서 살았지만, 오늘날에는 750평방피트약 21평 이상에서 살고 있다.

소비자의 수요가 이처럼 끝없이 확대되는 이유는 질적 수요와 양적 수요라는 2가지 형태의 수요의 성질과 관련이 있다.

약간 비논리적일 수도 있지만 양적 수요 면에서 소비자들은 이미 구매한 것, 심지어 과거에는 결코 소유할 수조차 없던 것임에도 더 늘리고자 한다. 예를 들면 두 번째 텔레비전, 두 번째 자동차, 더 큰 집, 여벌의 옷 등이 있다.

어떤 젊은이가 학교를 졸업하고 처음으로 직장에 들어갔다고 해보자. 이 경우 생애 최초로 직장에 나가는 것이기 때문에 직장에서 입을 만한 옷을 장만해야 한다. 그는 자신만만하게 가게에 가서 첫 번째 옷을 구입한다. 하지만 출근 첫날 다른 것이 필요하다는 것을 금세 깨닫는다. 매일 똑같은 옷만 입을 수는 없기 때문이다. 넥타이는 물론이고 셔츠, 신발 등 구색을 맞춰 입을 만한 것이 필요하다.

처음으로 자동차를 구입하는 젊은 부부를 생각해 보자. 일단 자동차를 소유하게 되면 많은 것이 달라진다. 어디에서 일하고, 어떻게 여행하고, 어디에서 저녁식사를 할 것인가 등에 대해 선택폭이 넓어지기 때문이다. 그들은 곧 자동차를 구입하기 전에는 꿈도 꾸지 않던 어떤 것에 대해 새로운 욕구를 느끼게 된다. 그것은 바로 서로 독립적으로 직장에 가고 쇼핑할 수 있는 두 번째 자동차다. 유사한 사례로 침실에 놓기 위해 두 번째 텔레비전을 구입한 가정은 자녀의 방이나 주방에

놓을 세 번째 텔레비전이 필요하다는 것을 깨닫는 데 그리 오래 걸리지 않는다.

 이제 막 사회생활을 시작하는 젊은 사람에게는 집을 구입하는 것이 최종적인 구매로 보이지만 오히려 그것은 시작일 뿐이다. 주택 구매는 가구, 주방용품, 레저용품 등 끝없는 수요에 불을 붙이게 된다. 따라서 새로운 가정을 꾸미는 것은 이후 소매용품 구매 형태를 예측할 수 있는 가장 중요한 자료가 된다.
 모든 제품 및 서비스에 대해 잘 아는 판매업자는 소비자의 만족스러운 구매는 끝이 아니라 시작에 불과하다는 것을 알고 있다. 만약 남성복 가게에서 이제 막 직장에 들어간 젊은 이에게 1년에 100벌의 옷을 판매한다면, 한 벌 이상의 옷을 가진 사람에게는 1년에 2,000벌 이상의 옷을 팔게 된다. 자동차 세일즈맨에게 가장 중요한 정보는 이미 자동차를 소유한 잠재고객이 기존에 어떤 타입의 차량을 구입했느냐 하는 것이다. 그리고 매년 미국에서 판매되는 주택을 보면 생애 최초 구입자 대비 더 큰 집으로 이사하려는 주택 소유자의 비율이 1 대 5로 나타난다.
 하지만 일부 학자들은 어느 시점이 되면 수요는 정체된다고 주장한다. 그들은 사람들이 얼마나 많은 새 옷과 자동차,

집, 텔레비전을 소유할 수 있겠는가 하고 묻는다. 언뜻 타당한 질문처럼 보이지만 이는 질적 수요를 간과하고 있다.

오늘날 대다수 미국인이 그렇듯 양적 수요가 충족되면 그 자리를 질적 수요가 치고 들어온다. 누구나 마찬가지겠지만 음식, 옷, 텔레비전 등 필요로 하는 모든 것이 충족되면 사람들은 더 좋은 음식, 더 좋은 옷, 더 좋은 텔레비전을 원하게 된다.

양적 수요는 현존하는 제품에 대해 더 많은 공급을 수요에 반영하는 것이고, 질적 수요는 좀 더 다르고 발전한 종류의 제품에 대한 취향을 반영한다. 텔레비전의 경우 질적 수요는 최첨단 음향 장치, 대형 브라운관, 뛰어난 화질, 혹은 완전히 새로운 제품에 대한 소비자의 열망을 반영한다.

전형적인 중류층 부부는 이미 소유한 두 대의 세단 이외에 세 번째 자동차를 구입하는 일에 별다른 관심이 없을 것이다. 하지만 두 대의 세단 중에서 한 대를 바꿀 기회가 오면 스포츠형 차량SUV으로 업그레이드할 수 있다. 옷장에 200달러짜리 옷 여덟 벌을 갖고 있는 젊은 샐러리맨은 아홉 번째 옷을 구입하는 데 거의 관심을 기울이지 않는다. 그러다가 기회가 오면 400달러짜리 새 옷을 구입하고자 한다.

수요의 속성상 이러한 움직임은 일방적이지 않다. 좀 더 나은 질에 대한 욕구가 충족되면 다시 한 번 양적 수요가 그 마력적인 능력을 발휘하기 시작한다. 앞서 말한 부부는 서로 세단을 몰지 않겠다고 싸우지 않기 위해 두 대의 SUV를 원한다. 젊은 샐러리맨은 200달러짜리 옷이 눈에 들어오지 않아 400달러짜리 옷을 일곱 벌 더 사고 싶어 한다.

물론 이론적으로는 소비자가 최고의 차와 옷을 충분히 갖게 되면 더 좋고 많은 재화에 대해 더 이상 관심이 없을 수도 있다. 하지만 기술이 계속 발전하는 한 최고의 차와 옷은 존재하지 않는다. 매년 더 나은 재화가 개발되고 소비자의 소비 과정은 되풀이된다.

아이러니하게도 일본 사람들보다 이 원리를 더 잘 이해하는 사람은 없는 것 같다. 그들은 서구의 소비자들에게 이러한 경향이 있음을 잘 간파해 경제적 성장을 꾀했다.

1960년대에 일본 사람들은 양적 수요를 노린 값싼 제품으로 세계 시장을 석권했다. 1970년대가 되자 그들은 영악하게도 제품의 질을 높여 소비자들의 관심사를 양적 수요에서 질적 수요로 옮겨갔다. 불과 20년도 되지 않아 그들은 최저가 제품 생산자에서 최고품과 최고가의 제품 생산자로 바뀌어간 것이다. 심지어 그들은 1990년대에 닷산Datsun이나 도요타Toyota 같은 전통적인 상표명을 버리고 닛산Nissan과 렉서스Lexus를 채택했다. 이를 통해 그들은 GM사가 '왜 GM의 시보

레에 만족하던 소비자가 더 이상 시보레를 구입하지 않는 것일까' 하는 고민에 빠지도록 만들었다.

질 좋은 제품에 대한 소비자들의 지속적인 욕구는 시장에서 긍정적인 효과를 유발한다. 매년 진보하는 기술은 제품 및 서비스의 생산비를 떨어뜨리기 때문에 생산자와 공급자는 현재 소비자와의 관계를 지속하기 위한 노력을 기울일 수밖에 없다. 이를 위해 그들은 단순히 제품 가격을 낮추기보다 제품의 질을 향상시킨다.

만약 여러분이 1990년에 27인치 컬러텔레비전을 600달러에 구입했고, 2000년에 그것을 대체하기 위해 같은 가게에 갔다고 가정해 보자. 여러분은 소유하고 있는 것과 거의 똑같은 텔레비전이 겨우 300달러밖에 안 된다는 것을 발견하게 될 것이다. 물론 인플레이션을 적용하면 1990년도의 229달러에 해당한다. 이때 여러분은 같은 텔레비전을 선택하기보다 35인치를 구입하기 위해 다시 600달러1990년의 458달러를 지출하거나 여섯 개 채널 음향과 PIP 기능이 첨가된 슈퍼디럭스 HD형을 구입하고자 1,500달러1990년의 1,144달러를 지출할 것이다.

여러분이 1995년에 의과대학에 진학할 때 4만 5,000달러짜리 오픈카를 갖고 싶어 했고, 2001년에 전문의 과정을 마쳤다고 해보자. 2001년에 여러분이 판매업자에게 갔을 때는

1995년 당시와 거의 똑같은 차가 이제는 겨우 2만 5,000달러에 불과하다는 것을 알게 된다. 여러분은 그 차를 구입하고 2만 달러를 저축하는 것이 아니라 4만 5,000달러를 지불하고 1995년 당시에 원했던 차보다 훨씬 좋아 보이는 차를 구매할 것이다.

낮은 가격보다 질을 선택하는 소비 성향은 이미 보편적인 현상으로 자리 잡았다. 따라서 대부분의 사람들은 제품의 질이 얼마나 지속적으로 향상되고 있는지 인식하지 못하고 있다. 향상된 질 덕분에 보다 안전해진 제품을 저렴한 가격으로 이용하고 있는데도 말이다. 여러분이 텔레비전, 장난감, 자동차, 에어컨, 청바지, 침대, 디지털카메라, 접이식 소파, 냉장고, MP3 등 어떤 것을 말할지라도 여러분은 역사상 그 어느 때보다 저렴한 가격에 질 좋은 제품을 다양하게 즐기고 있다.

어떤 사람이 지각하는 이유가 대개 타이어 펑크나 카브레이터에 물이 넘치기 때문이었던 시절이 그리 오래된 얘기는 아니다. 기술 진보는 이처럼 일상적으로 일어나던 일을 완전히 없애버렸다. 그뿐 아니라 타이어는 과거보다 4배의 거리를, 연료는 2배를 더 사용한다.

때로 매스컴은 물질적 풍요가 증대된 것이 아니라 감소되었다고 발표하기도 한다. 이는 GDP나 소매 판매액 같은 보편적인 경제지표에 질의 향상이나 기술력으로 발생한 가격

하락 등이 표시되지 않기 때문이다. 예를 들어 앞의 의과대학생이 4만 5,000달러짜리 차를 구입한다면 그는 물질적인 지표로 드러나지 않지만 2만 달러의 증가를 경험하게 된다. 만약 그가 처음에 꿈꾸었던 차를 2만 5,000달러에 구입한다면 그것은 GDP나 소매 판매액에서 2만 달러의 감소를 보여주게 된다.

이와 유사하게 정부가 새 주택의 평균 비용을 보고할 때는 그 수치에 '1960년대의 평균 주택 면적의 2배'라거나 '소비자에게 2배 이상의 가치를 주는 옵션을 포함한다'는 사실이 표시되지 않는다. 1960년대의 전형적인 중산층 주택은 오늘날의 주택과는 비교도 되지 않는다. 2002년형 주택은 모든 현대식 집기와 편의용품이 구비되어 있고 평균 2,300평방피트약 65평에 달하지만 1960년대의 주택은 식기세척기나 에어컨도 없고 약 900평방피트약 25평에 불과하다.

이제 다시 1930년대로 거슬러 올라가 보자. 케인스는 기술 진보가 결핍에 종말을 고할 거라는 점을 예견할 만큼 뛰어난 경제학자였다. 하지만 케인스는 기술 발달이 같은 제품 및 서비스를 더 요구하는 끝없는 수요를 창출한다는 사실은 생각하지 못했다.

소비자들은 보통 증가한 수입을 사치품이나 여가 활동을

위해 지출한다. 가끔은 그들이 태어날 때 존재하지도 않았던 새로운 제품 및 서비스를 구입하기도 한다. 하지만 그 새로운 제품 및 서비스는 아이러니하게도 소비자에게 새로운 대가를 원한다. 그것은 바로 새로운 제품과 서비스를 즐길 시간이다. 예를 들어 할리데이비슨에서부터 정원 트랙터에 이르기까지 거의 모든 새로운 사치품을 즐기려면 시간이 있어야 한다. 이것은 현대 생활의 커다란 역설 중 하나다.

　소비자들은 매년 더 많은 수입을 올리지만 그것을 즐길 수 있는 시간은 점점 줄어들고 있다. 과거의 틀에 박힌 '게으른 부자'나 '일하는 가난뱅이'와 달리, 오늘날 사람들이 벌어들이는 수입은 거의 모든 계층에서 여가시간과 반비례한다. 과거에 여러분이 누군가에게 왜 특별한 신제품을 구입하지 않았느냐고 물었을 때는 흔히 "그것을 살 만한 돈이 없어"라는 대답을 들었을 것이다. 하지만 오늘날에 똑같은 질문을 하면 "이미 일주일 전에 샀는데 그것을 즐길 만한 시간이 없어"라는 대답을 된다.
　더구나 오늘날의 소비는 대개 물질적 제품보다 오락 및 서비스 분야에서 발생한다. 한마디로 시간을 소비하는 구매를 한다는 얘기다. 이러한 소비는 하루는 24시간이고 1년은 365일이라는 한계를 안고 있다. 그런데 흥미롭게도 그들은 자신의 주된 시간을 속박하는 것은 일이 아니라 다른 여가 활동이라고 말한다.

케인스는 소비자가 일단 자신이 원했던 것을 얻으면 원했던 것 이상을 원하게 된다는 점을 간과했지만, 어쩌면 그는 소비자 수요에는 어떤 비금전적 한계가 있다는 신념을 입증한 것일 수도 있다. 물론 기술이 소비자의 요구에 부응하는 제품과 서비스를 만들 수 없다면 말이다.

건강제품 및 서비스는 소비 중에서 아마도 즐길 수 있는 시간을 필요로 하지 않는 유일한 분야일 것이다. 매일 더 많이 웃게 하고 젊어 보이게 하고 건강해지게 하는 데 지출되는 돈은 직장에서든 집에서든 모든 순간을 즐겁게 해준다.

오늘날 건강 산업에서 가장 빠르게 성장하는 분야는 비타민과 영양 산업이다. 그러나 최근까지만 해도 이 산업은 병을 치유하는 데 국한되어 있었다. 괴혈병 혹은 비타민 C 결핍으로 인한 증상은 십자군 전쟁사에서 영양 불균형의 결과로 알려진 매우 오래된 질병 중 하나다. 스코틀랜드인 의사 제임스 린드James Lind가 '네덜란드인은 괴혈병을 예방하기 위해 시트러스citrus, 감귤류 과일를 섭취해 왔다'고 지적하기 전까지 영국 해군 사이에 그것은 무력증과 사망의 주요 원인이었다. 이러한 증상이 비타민 C 결핍에서 비롯된다는 것을 알게 되면서

1795년부터 영국 해군은 의무적으로 라임과즙을 섭취했다. 오늘날까지도 영국인은 이것을 라임믹스Lime Mix, 라임주스라고 부르며 즐겨 먹는다.

또한 척추기형을 유발하는 비타민 D 결핍증구루병도 역사를 통해 주목을 받아왔으며 특히 어린이에게 증상이 심하게 나타났다. 이것은 18세기 초에 대구 간의 기름과 햇빛으로 치료되었다. 비타민 B1 결핍증각기병은 쌀과 곡물에서 이 비타민이 비정상적으로 소실되면서 나타난다. 각기병은 스리랑카 말로 '극도로 허약함'을 의미하며 1,000년 전부터 정제된 쌀을 주식으로 삼은 아시아 국가에서 눈에 띄게 발견되었다.

과학자들은 이 모든 영양 결핍 증세가 심각한 병으로 드러날 때가 되어서야 겨우 인식하곤 했다. 그리고 20세기 들어 우리 몸이 건강을 유지하려면 체내에서 생성되지 않는 13가지의 기본적인 비타민을 섭취해야 한다는 사실이 밝혀졌다. 최근에는 이들 비타민이 질병의 진전을 막아주고 건강한 몸 이상으로 우리를 기분 좋게 해주며 심지어 노화 과정까지 늦춰준다는 것이 발견됐다.

오늘날 미국인의 약 50퍼센트가 어떤 종류든 영양 공급 제품을 섭취하고 있다. 이러한 제품에 대한 판매량은 700억 달러가 넘는다. 하지만 비타민과 무기질 산업은 이제 겨우 시작 단계일 뿐이다. 최근 들어서야 비타민과 무기질, 기타 영양 공급 물질이 어떻게 작용하는지 그 생화학적 기능을 이해하기 시작했기 때문이다. 제2장에서 설명했듯 우리는 무엇이 작용하는지는 알지만, 어떤 것이 왜 작용하는지는 아직 완전히 파악하지 못했다. 그러나 의약 산업은 수많은 불가사의를 설명해 준 과학 현미경이 널리 보급되기 훨씬 이전부터 하나의 커다란 과학 분야로 자리매김했다.

마찬가지로 과학이 아직 분자의 유효성에 대한 비밀을 이해하지 못하고 있음에도, 우리는 건강 관련 산업이 미국에서 이미 연간 2,000억 달러의 판매량을 올리고 있음을 보고 있다. 더욱 흥미로운 사실은 건강제품과 서비스를 구매하기는커녕 심지어 이름조차 들어보지도 못한 잠재고객이 엄청나게 많다는 점이다.

지금까지 의학자들은 나이를 먹으면 건강이 나빠지고 에너지가 감퇴하는 것은 당연하다는 식으로 말을 해왔다. 하지만 우리는 최근에 웰니스를 경험하는 사람이 점점 늘고 있음을 알고 있다. 예를 들어 식이요법을 바꿔 16킬로그램을 감량한 어머니, 새로운 비타민을 섭취해 학교생활에 2배 이상 집중하게 된 소년, 자기치료법으로 고질적인 통증을 없앤 아버지, 에키나시아Echinacea: 허브의 일종으로 가새풀를 섭취해 더 이상 학교 수업에 빠지지 않게 된 소녀, 포도당을 이용해 과거의 건강을 되찾고 무릎 통증 없이 자전거를 타는 사람, 소팔메토를 섭취하고 고통스러운 수술을 피하게 된 만성전립선환자 등의 사례가 있는 것이다.

그러면 이들이 웰니스 경험을 하고 난 뒤에 어떤 일이 일어날지 잠시 생각해 보자. 체중감량에 성공한 어머니는 조깅처럼 규칙적인 운동을 포함한 새로운 계획표를 갖게 되고, 학교생활이 즐거워진 소년은 운동을 더욱 열심히 하게 된다. 통증이 사라진 아버지는 자녀들과 많은 시간을 함께하기 위해 더 많은 에너지를 원하게 된다. 소녀의 부모는 다른 자녀에게 어떤 영양식품을 먹여야 하는지 알고 싶어 하고, 자전거를 다시 타게 된 사람은 이제 영양식품의 기능을 완전히 믿기 때문에 기억력을 높이고자 한다. 식이요법을 바꾼 전립선환자는 이제 다른 의학적 치료법에 대해서도 알고 싶어 한다.

각각의 경우 단일 건강제품과 서비스에 대한 구매는 더 많은 양을 원하게 되는 양적 수요에 불을 붙인다. 나아가 이들 제품이 그 효과를 제대로 보여준다면 차별화된 더 나은 제품을 구매하고자 하는 질적 수요에도 강한 영향을 준다.

결과적으로 제품과 서비스의 효과에 만족한 웰니스 고객은 자기 인생의 모든 순간에, 모든 면을 개선해 줄 잠재력이 있는 제품 및 서비스를 소비하는 인생을 살아가게 된다. 이처럼 웰니스 제품과 서비스를 소비하고자 하는 끝없는 성향은 2012년에 웰니스 산업을 1조 달러 이상으로 성장시킬 것이다.

Tip

**행복은 향수와 같다.
사람들에게 뿌리면 틀림없이 자신에게도 묻는다.**
- 랠프 월도 에머슨(Ralph Waldo Emerson)

즐거운 일, 기쁜 일을 혼자 독점하지 않고 친구에게도 나눠주는 것이 우정이다. 기쁨은 나눠가져도 반감되지 않는다. 에머슨은 오히려 함께 기뻐해주는 친구가 있으면 기쁨이나 즐거움을 몇 배로 느끼게 된다고 말한다.

또한 에머슨은 "진심으로 남을 도우면 반드시 자신도 남으로부터 도움을 받게 된다. 이것은 인생이 주는 가장 아름다운 보상이다"라고 말했다. 에머슨이 말하는 '아름다운 보상'이란 신뢰로 맺어진 강한 인연을 의미한다.

THE NEXT TRILLION

다음 천만장자는 어디에서 나올까?

제5장

유통이 대세다

제 5 장
유통이 대세다

> 결국 살아남는 종(種)은 강인한 종도 아니고 지적 능력이 뛰어난 종도 아니다. 변화에 가장 잘 대응하는 종이 살아남는다.
> ●찰스 다윈(Charles Darwin)의 진화론 중에서

    1조 달러의 건강 산업에서 어떤 제조업체가 성공할지 예측하는 것은 어려운 일이다. 특히 가장 좋은 건강제품 중 일부가 아직 연구실에서 나오지 않은 상태이기 때문에 건강제품 보급에서 누가 성공할지를 예측하는 것은 거의 불가능에 가깝다. 설사 내가 어떤 업체가 성공할 가능성이 가장 크다고 말할지라도 그런 정보는 금방 해묵은 정보가 되고 만다. 워낙 경쟁이 치열해 성공에 근접한 업체도 서둘러 자사제품 관리를 재정비하기 때문이다.

    운 좋게도 우리는 다른 소비제품의 변화를 살펴보면서 미래의 건강제품 보급과 관련해 많은 것을 배울 기회를 얻는다. 물론 이런 정보는 다가올 새로운 기회에 적용할 수 있다. 과

거의 사례나 경험을 통해 사업이나 기술을 배울 때는 중요한 경고를 기억해야 한다. 그것은 과거에 50년에 걸쳐 일어났던 변화는 이제 채 5년이 걸리지 않는다는 사실이다.

1981년에는 과거 70년간의 기화기氣化器: 가솔린 기관에서 가솔린과 공기를 적당한 비율로 혼합해 실린더에 보내는 장치 산업이 전기 연료 분사 방식으로 대체되는 데 겨우 7년이 걸렸다. 1985년에는 과거 50년간의 사진 기록 방식이 콤팩트디스크 방식으로 대체되는 데 5년밖에 걸리지 않았다. 1995년에는 30년 동안 사용되던 팩스기계가 e-메일로 바뀌는 데 고작 3년밖에 걸리지 않았다.

과거의 사례나 경험을 통해 미래에 적용할 수 있는 해결책을 고려할 때는 시간을 응축할 필요가 있다. 지금 5년에 걸쳐 일어날 수 있는 변화는 얼마 지나지 않아 5개월이나 그보다 짧은 시간 안에 일어날 것이다.

현대 경제의 밑바탕에 깔린 가장 중요한 경제 개념은 끝없는 부에 대한 생물학적 원리다. 한 초등학교에서 이러한 개념을 가르치기 위해 흥미로운 훈련을 실시했다.

훈련에 참가한 학생들은 그야말로 빈손으로 무인도에 가게 되었다. 그들은 살아남기 위해 사회를 조직하고 음식을 마련하고 움막을 짓고 땔감을 줍는 등 생존을 위한 일을 분담해야 했다. 처음에 그들은 다양한 허드렛일을 민주적으로 돌아가면서 분담하길 원했다. 하지만 서로 여러 가지 허드렛일을 경험해 본 뒤에는 각각 분업을 하는 것이 훨씬 더 효과적이라는 것을 깨달았다.

월요일에 사과를 구하러 나간 사람은 돌아올 때 단순히 사과만 들고 오지는 않았다. 다음날에 사과를 구하려면 어디로 가야 하는지 알아왔던 것이다. 수요일이 되면 사과를 어디서 구해야 하는지 아는 정도가 아니라 사과를 한꺼번에 캠프로 가져올 수 있는 자루나 운반 도구를 만들게 된다. 그리고 목요일에는 높은 가지에 달린 맛있는 사과를 딸 수 있는 도구를 만들고, 금요일에는 사과주스 만드는 법과 사과를 보존하는 법을 배우기 시작한다.

실제로 의식주를 비롯한 모든 허드렛일은 약간의 시간과 몇몇 사람의 노력만으로도 충분했다. 이는 사회 구성원들에게 새로운 제품과 도구, 심지어 오락을 제공할 새로운 뭔가를 탐구할 만한 여유를 안겨주었다.

사회의 발달과 더불어 재화의 양도 늘어나기 때문에 그러한 재화 및 서비스를 유통시킬 필요성이 등장하게 된다. 그리고 오래지 않아 일부 사람이 다른 사람은 무엇을 하는지, 어떤 물건이 유용한지에 관해 모든 사람을 가르칠 의무가 있는 유통업에 종사한다. 이들 유통업자 혹은 상인은 가장 가치 있는 것을 추구하기 때문에 결국 섬에서 가장 부유해진다. 나아가 이들은 다른 섬 사회의 상인들과 도구 및 생산물을 교역하기 시작한다.

이 훈련을 통해 학생들은 현대 경제의 근간을 이루는 2가지 원칙을 배운다. 하나는 자동적인 분업에 따른 진보된 기술을 사용함으로써 자신만의 유일한 재화 및 서비스를 생산해낼 수 있는 개개인의 수에 한계가 없다는 점이다. 다른 하나는 사회 전체의 총체적 부는 오로지 자신의 특화된 도구와 제품을 교역할 수 있는 개인의 수에 의해 제한을 받는다는 것이다.

미국의 경제력은 부분적으로 재화와 용역에 대해 시장을 개방하도록 되어 있는 유통 법칙에 기반을 두고 있다. 헌법 원문에는 주州마다 자치법원과 자치군을 두고 모든 것을 자치적으로 관장하도록 허용하고 있지만, 단 한 가지는 예외로 하고 있다.

"어떤 주도 그 주의 시민과 다른 주 시민과의 자유로운 교역 권리를 침해하는 법령이나 규칙을 제정할 수 없다."

오늘날 서부유럽 국가나 북미 국가, 한국, 일본, 대만, 싱가포르 등의 경제력도 10억 이상이나 되는 시민간의 자유로운 무역에 기반을 두고 있다. 더불어 덜 선진화한 국가의 과제는 국가 경제에 급격한 변화를 불러오는 국내의 정치적 불안정과 싸우는 한편, 어떻게 하면 50억 이상의 시민이 자유무역에 참여하도록 허용하는가에 있다.

우리는 역사 속에서 일부 특정 생필품을 제조 및 관리하는 사업이 흥하거나 망했던 사례를 어렵지 않게 찾아볼 수 있다. 그중에서 유일하게 지속적으로 성공을 구가해 온 분야는 바로 유통업이다. 왜냐하면 이들은 늘 최근 기술로 만들어 꾸준히 인기를 얻는 제품을 유통시키기 때문이다.

1967년에 출시된 영화 〈졸업The Graduate〉에서 처음으로 주연을 맡은 더스틴 호프먼Dustin Hoffman은 경제적 성공에 대한 열망에 만족할 만한 한마디로 해답을 제시받는다.

"플라스틱이 내세야."

당시에는, 특히 1970년대에는 원재료의 단기 부족 현상이 심각했기 때문에 경제적으로 성공하려면 무엇보다 제품 생산 비용을 절감하는 방법을 찾아야만 했다. 하지만 오늘날에는 플라스틱을 비롯해 다른 수많은 제조 방법 덕분에 더 이상 제조업에서 경제적 성공을 찾긴 어렵다. 오늘날 가장 커다란 기회는 경제의 유통 분야에 있다.

예를 들어 1967년으로 거슬러 올라가 보자. 당시 300달러에 팔리던 카메라의 경우 일반적으로 제조비용에 150달러,

유통비용에 150달러가 지출되었다. 유통비용이 소매가격의 약 50퍼센트를 차지했다는 얘기다. 오늘날에는 비슷한 품질의 카메라가 약 100달러에 판매되고 있는데, 제품가격이 2/3 정도 줄어든 이유는 기술 발달로 제조비용이 150달러에서 30달러나 그 이하로 내려갔기 때문이다. 유통비용 역시 150달러에서 70달러로 내려갔지만, 소매가격 100달러짜리 제품에서 차지하는 유통비용은 70퍼센트로 높아졌다.

이처럼 유통비용 비율이 높아진 이유는 우리가 이미 제조 분야에 적용했던 수많은 혁신적인 방법을 유통 분야에 적용하게 되었기 때문이다.

1960년대에는 생산비용을 낮춤으로써 엄청난 돈을 벌 수 있었다. 당시에는 단지 10~20퍼센트의 제조비용만 줄여도 소매가격을 15~30달러까지 낮출 수 있었다. 따라서 경제적 행운은 제조비용을 150달러에서 30달러나 그 이하의 범위로 낮출 수 있는 방법을 찾아내는 사람에게 돌아갔다. 그 대표적인 사례가 플라스틱을 사용한 사람들이나 생산 시설을 해외로 재배치한 사람들이다.

100달러의 소매가격에서 제조비용이 30달러를 차지하는 오늘날에는 제조비용을 10~20퍼센트 절감할지라도 겨우 3~6달러만 절감 효과를 볼 수 있다. 하지만 100달러의 소매가격에서 유통비용이 70달러를 차지하는 경우, 10~20퍼센트의 비용 절감은 7~14달러에 해당한다. 만약 유통비용에서 50퍼센트나 그 이상을 절감한다면 35달러나 그 이상의 가격 절감 효과를 볼 수 있다. 믿기 힘들겠지만 이것은 공장과 소비자 간의 유통 체인 중에서 단지 한 고리만 없애도 충분히 가능한 일이다.

이처럼 유통비용이 증가하면서 과거에 해외로 옮겨갔던 공장 시설이 다시 미국으로 옮겨오고 있다. 대표적으로 미국에서 팔리고 있는 외제차는 대개 미국 내에서 만들어지고 있다. 세계에서 가장 규모가 큰 혼다 어코드 공장은 오하이오 주의 메리스빌에 있고, 메르세데스 레저용 차량의 활기찬 생산라인은 앨라배마에서 가동되고 있다.

지난 30년간 상대적으로 유통비용이 증가한 이유는 엄청난 부의 태반이 제품을 만드는 좋은 방법보다 제품을 유통시키는 좋은 방법을 발견한 사람에 의해 만들어졌기 때문이다. 예를 들면 1960년에 마흔네 살의 나이로 회사를 설립해 1992년까지 세계에서 가장 큰 부자였던 샘 월튼Sam Walton은 한 번도 물건을 만들어본 경험이 없었다. 그는 단지 월마트Wall Mart라는 유통 회사를 세웠을 뿐이다.

또한 사람을 실어 나르기보다 제품을 유통시키기 위해 전

세계에 항공 노선을 설립해 1970년대에 억만장자가 된 페더럴익스프레스Federal Express, 페덱스의 프레드 스미스Fred Smith도 있다. 일렉트로닉데이터시스템스Electronic Data System, EDS의 로스 페로Ross Perot는 다른 회사의 하드웨어와 소프트웨어를 유통시키는 보다 나은 방법을 발견해 1980년대에 억만장자가 되었다. 그뿐 아니라 〈타임Time〉이 1999년의 인물로 선정한 아마존닷컴Amazon.com의 제프 베조스Jeff Bezos같은 인터넷 억만장자는 인터넷을 유통 도구로 활용했다.

하지만 유통 기회의 성격은 시간이 흐르면서 계속 바뀌고 있다. 최근에 형성된 유통 형태는 두 개의 과정으로 이뤄진다. 첫째, 소비자들의 삶을 개선해 줄 제품 및 서비스에 관해 교육을 시키는 홍보의 성격을 띤다. 둘째, 소비자들에게 물질적으로 제품 및 서비스를 유통시킨다.

샘 월튼, 프레드 스미스, 그리고 20세기의 억만장자는 대부분 제품의 유통에서 싸고 더 나은 방법을 찾아내 부를 축적했다. 이때 이들이 유통시킨 제품은 소비자들이 이미 알고 있고 또한 갖고 싶어 하는 것이었다. 그러나 제프 베조스 같은 21세기의 유통 갑부들은 새로운 제품과 서비스에 관해 소비자들을 교육시킴으로써 유통에 따른 부를 만들었다. 이러한 제품과 서비스는 일반적으로 소비자들이 그 유용성을 잘 모르는 것들이다.

유통 기회의 성격 변화는 과거에도 일어났었다. 19세기 이전의 완제품 유통업은 소비자들의 삶을 개선해 줄 제품과 서비스에 대한 교육을 병행했다. 행상인이든 거대상인이든 그들은 자신이 파는 제품에 대한 지식에 자긍심을 갖고 있었고 자기 인생을 그 일에 바쳤다.

20세기 들어 유통의 형태는 백화점으로 발전해 갔다. 시카고의 마셜필드Marshall Field에서 보스턴의 필렌스Filene's에 이르기까지 이들은 기술 발달을 이용해 순식간에 행상인과 거대상인을 밀어내고 그 자리를 대신했다.

이러한 백화점은 제품의 판매비용을 절감하는 것 이상의 역할을 해냈다. 이들은 소규모 소매상보다 고객서비스에 대한 자부심이 강했고, 이는 기존의 경제 논리를 부정하는 소비자 수요의 끝없는 사이클을 유발했다. 소비자들은 단순히 원하는 것을 구입하기 위해 백화점에 가는 것이 아니라, 예전에는 그 존재조차 알지 못해 살 수 없던 전기램프, 식기세척기, 제빙기, 그리고 자가 세척 오븐 같은 물건에 대한 정보를 알아보기 위해 백화점에 갔던 것이다.

특히 텔레비전과 대중매체가 출현하기 이전에 백화점은 유통의 2가지 특징적인 기능을 구축하는 데 최고의 봉사를 했다. 첫째, 백화점은 소비자의 삶을 개선해 줄 제품 및 서비스에 대해 교육시켰다. 이들은 먼저 소비자에게 유용한 제품을 알려주고 소비자의 욕구에 맞는 올바른 제품 선택을 도왔다. 그런 다음 둘째로 그러한 제품을 소비자에게 판매하는 물적 유통을 수행했다. 앞으로 우리는 유통에 대해 다음의 정의를 사용하기로 한다.

"지적 유통은 소비자들이 과거에 그 존재뿐 아니라 유용성에 대해 알지 못했던 제품 및 서비스에 대해 교육시키는 과정이다. 그리고 물적 유통은 소비자가 이미 알고 있는 제품 및 서비스를 구매할 수 있도록 도와주는 과정이다."

오늘날에는 모든 소매상과 기업이 그들의 고객에게 이 2가지 기능을 동시에 수행한다. 1950년에서 2000년에 걸쳐 전통적인 백화점들은 점점 쇠퇴하기 시작했다. 외상거래처럼 그들이 가장 혁신적인 것이라고 생각했던 방법이 오늘날 일반화된 신용카드와 홈쇼핑 같은 한층 진보된 기술로 인해 진부해졌기 때문이다. 하지만 백화점이 쇠퇴하게 된 더 큰 원인은 지적 유통 수준에 물적 유통 수준을 맞추지 못한 데 있다.

소비자들의 지출이 커다란 집기나 가구 같은 전통적 내구재에서 청소기, 종이타월, 건전지 같은 비내구재로 옮겨가면 소비자들은 지적 유통을 통해 알게 된 이러한 물품을 가능한 한 짧은 시간 내에 규칙적으로 얻고자 한다. 이런 일은 대형

건물에 물리적으로 진열을 하는 전형적인 백화점에 적합하지 않으며, 또한 백화점은 진열을 재정비하는 데 너무 느리다. 필름 한 통을 사려고 백화점에 갔다가 계산대 직원에게 붙잡혀 카메라 신상품에 대한 설명을 듣느라 10분이나 허비하는 모습을 상상해 보라.

샘 월튼이 지적 유통과 달리 물적 유통을 제공하는 할인점을 설립해 성공한 이유가 바로 여기에 있다. 할인점은 소비자가 원하는 제품을 가능한 빨리, 그리고 가능한 싼 가격에 판매한다. 덕분에 할인점은 기존의 백화점들을 밀어냈다.

운 좋게도 할인점은 라디오와 텔레비전의 지원 사격까지 받았다. 발달한 대중매체가 소비자에게 직접적으로 정보를 제공하면서 지적 유통의 입지는 더욱 줄어들었던 것이다. 오늘날 대부분의 제조업자는 대중매체를 통해 고객에게 직접 정보를 제공하고 있으며, 이는 가장 싸게 팔고 가장 효율적으로 물적 유통을 하는 할인점에 날개를 달아주었다. 그 대표적인 업체가 월마트, K마트K-Mart, 그리고 타깃스토어Target Stores다. 나아가 고객 충성도는 시어스Sears, 메이시스Macy's, J.W. 로빈슨J.W. Robinson's 등의 소매업자에서 소니Sony, 리바이스Levi's, 프록터앤갬블 같은 개개의 제조업자에게로 이동했다.

이러한 추세가 시작되던 30년 전에 소비자가 쇼핑을 하면서 가장 불평했던 것은 제품에 대해 판매원보다 오히려 고객이 더 많이 안다는 것이었다. 오늘날 대부분의 소매점 고객은 그들이 구매하고자 하는 제품에 대해 판매하는 사람보다 많이 안다고 생각한다. 이에 따라 최근에는 할인점들이 물적 유통의 이익을 유지하면서 지적 유통 요소를 첨가하는 품목 파괴 경향을 보이고 있다. 대표적으로 홈디포Home Depot, 펫츠마트Pets Mart, 컴프USAComp USA, 토이저러스Toys'R'Us는 단 한 가지 품목만 효과적으로 취급하는 할인점이자 품목 파괴 업체다.

이들 매장은 취급하는 품목을 최저 가격에 엄청난 규모로 진열한다. 이에 따라 소비자들은 먼 거리에서도 이러한 매장을 즐겨 찾고, 이러한 추세는 더 낮은 가격과 더욱 다양한 물품으로 보다 큰 매장을 오픈하게 만든다.

품목 파괴 업체의 엄청난 구매력과 마케팅 능력에 연계된 소비자들의 지식은 소매에 새로운 현상을 불러왔다. 평균 제조비용보다 소매가격이 낮은 '고객 주문형 기획 상품'이 바로 그것이다. 이러한 제품은 실제로 소매가격이 도매가격보다 낮다. 그러면 좀 더 알기 쉽게 사례를 통해 이러한 일련의 과정을 살펴보자.

1992년에 어떤 회사에서 에어컴프레서를 도매가격 300달러에 팔았는데 이것의 소매가격은 600달러였다. 이 제품의 제조원가는 200달러였고 그 내역은 인건비와 원재료 가격이 50달러, 5년간의 디자인 로열티•시설비•감가상각비 등이 150달러였다. 그리고 5년 안에 100만 개의 제품을 만들기 위해서는 1억 5,000만 달러 이상의 시설비와 연구비, 감가상각비, 디자인비 등이 투입되어야 한다.

  1993년 홈디포는 소매가격 600달러보다 훨씬 싼 200달러라면 50만 개를 팔 수 있을 거라는 가설을 세웠다. 이에 따라 홈디포는 개당 100달러에 50만 개를 구매하겠다는 주문을 냈다. 처음에 그 제조사는 제조가격의 절반밖에 안 되는 가격을 제시하는 것이 황당해서 그냥 비웃고 말았다. 하지만 곰곰이 생각해 보니 대책 없이 비웃고 있을 상황이 아니었다. 우선 그 주문은 수익 측면에서 기술적으로 이익이 된다. 또한 만약 그 주문을 받아들이지 않을 경우 홈디포는 경쟁사에 주문할 것이고, 그러면 경쟁업체는 틀림없이 생산 시설을 확장할 것이다. 이런 일이 벌어지면 자신들은 그 분야에서 밀려날 수밖에 없다.

  결국 그 제조사는 홈디포의 제안을 받아들였고 첫해에 80만 개를 판매했다. 더불어 생산 능력을 기존의 연간 20만 개에서 100만 개로 올렸으며 고정비용도 최초의 개당 150달러에서 훨씬 낮은 개당 50달러로 떨어뜨렸다. 이러한 사례에서 궁극적인 수혜자는 600달러의 가치가 있는 제품을 200달러에 구입하게 된 고객이다.

한편 품목 파괴 업체와 혁신적인 할인점은 제조사의 휴지休止시간을 활용해 최고 품질의 제품을 도매가격 이하로 판매하기도 한다. 예를 들어 코스트코Costco 같은 매장에서는 기본적으로 특정 품목만 취급한다. 코스트코는 유명상표 제조업자의 제조 설비가 한가로울 때 낮은 가격으로 주문을 한다. 제조업자는 한가로운 휴지시간에도 인건비와 경상비를 지출해야 하므로 정상적인 도매가격보다 낮은 가격의 이러한 주문을 받아들인다. 물론 코스트코는 최신 유행의 최고급 물품만 취급하기 때문에 단기간에 팔리지 않는 특정 물품을 반품해 제조업자를 곤란하게 만드는 일은 거의 없다.

이러한 사례는 그리 놀랄 만한 일이 아니다. 이미 우리는 제조 마진율과 물적 유통비용이 제로0인 시대로 진입하고 있다. 이 말은 모든 공급자와 소매업자에게 광범위하게 적용된다. 원재료와 자동화된 인건비의 개당 단가가 너무 떨어져 모든 형태의 제품에서 연구개발비와 마케팅 비용이 거의 모든 비용을 차지하고 있다. 원재료에서 완성품까지의 파이프라인은 다음의 4단계를 거친다.

▶ 연구개발　▶ 물적 제조 또는 생산　▶ 지적 유통　▶ 물적 유통

전통적으로 제품과 서비스에서 가장 많은 비중을 차지하는 비용은 물적 제조비용과 물적 유통비용이었다. 비싼 원재료와 인건비는 일단의 제조비용을 구성하는 것은 물론, 생산되는 제품마다 비용을 거의 직접적으로 올리기도 하고 내리기도 했다. 또한 완성된 제품을 저장, 이동, 배달하는 물적 유통비용은 일단의 유통비용을 구성하고 유통되는 제품마다 비용을 거의 직접적으로 올리기도 하고 내리기도 했다.

하지만 오늘날 제품과 서비스를 만드는 데 소요되는 비용은 대개 연구개발비와 지적 유통비용이다. 특히 소프트웨어, 연예 사업, 통신 사업에서는 이러한 비용이 거의 100퍼센트를 차지한다. 또한 카메라, 의류, 일부 소비용품 같은 전통적인 물적 제품 및 서비스에도 적용된다.

이에 따라 제조와 유통에서 기회의 성질이 바뀌고 있다. 특히 마진이 낮은 제조와 물적 유통비용이 적게 소요되는 제품이 그렇다. 이제 제조에서 기회는 단순히 물적 생산비용을 낮추는 것이 아니라 제품의 디자인과 개발에 있다. 그리고 유통에서의 기회는 물적 유통보다 지적 유통에 있다. 이러한 변화를 처음으로 감지한 소매업자가 바로 할인점이다.

소비자의 경우에는 일상생활용품을 온라인이나 자동화된 공장과 가정의 직접 공급 시스템을 이용한 구매가 얼마나 편리한지 깨닫고 있다. 대량구매와 제조업자로부터의 직접 구매, 그리고 UPS를 이용한 물적 운송은 시간적, 비용적인 면에서 엄청난 이점을 안겨준다.

 이러한 이점은 단지 시작에 불과하다. 많은 소비자가 일상 생활용품의 직접 구매를 선호하게 되면서 제조업자들은 할인점 같은 중간 유통 단계를 거치지 않고 그들의 제품을 직접 가정으로 배송하고 있다. 당연한 얘기지만 그 양이 많아지면 가격은 더욱 내려가게 된다.

 나는 이러한 추세에 따라 집에 아무도 없을 때는 배달하는 사람들이 배달 물건을 놓고 갈 수 있도록 현관을 유리문으로 해서 집을 지었다. 여기에는 냉장고, 히터, 세탁용 옷걸이, 그리고 누군가가 방문하면 자동으로 찍히는 전자카메라 등이 비치되어 있다. 마그네틱카드로만 접근 가능한 '전기 집사'가 있는 공간은 머지않아 표준적인 주택 구조가 될 것이다.

 20세기가 시작될 무렵에는 제조된 재화와 원재료의 물적 유통을 대부분 철도가 맡았다. 하지만 이제는 철도가 담당하는 물류는 극히 일부에 지나지 않는다. 이는 그들이 철도 산업과 운송 산업을 분리해서 생각했기 때문이다. 탓에 물류를 맡겼던 고객과의 관계를 자본화하고 기차에서 트럭으로 이행하는 데 실패했다. 하지만 몇몇 할인점은 이러한 실패에서 확실한 교훈을 얻어 발 빠르게 움직였다.

물적 유통을 발전시킨 월마트, 코스트코, 그밖에 여러 할인점은 인터넷 바람이 불면서 월마트닷컴과 코스트코닷컴 같은 온라인 상점을 구축했다. 이는 동종업체와의 경쟁에서 뒤처지지 않기 위한 기술적인 노력이다. 하지만 여전히 전체적인 비용에서 큰 비중을 차지하는 물적 유통비용을 줄이기 위해 고군분투하고 있다. 현재는 물론 가까운 미래에 소매업계에서 가장 커다란 기회는 지적 유통이 제공할 것이다.

일부 새로운 제품과 서비스에 대해서는 항상 전문적인 훈련을 받은 사람이 고객에게 일대일로 제품 정보를 제공해야만 했다. 고도의 기술에 따른 고도의 조작 방법을 알려주어야 했던 것이다. 예를 들면 1970년대의 VCRs, 1980년대의 장거리 전화 할인 서비스 및 전화 자동 응답기, 그리고 1990년대의 비타민 제품과 영양식품 등이 있다.

지난 수십 년간 매년, 더욱더 많은 돈이 그러한 제품과 서비스를 구매하는 데 지출되었다. 그러나 최근에는 소비자들이 제품 사용법은 물론 제품의 존재 여부를 알아볼 수 있는 장소가 거의 없다. 같은 맥락에서 고도의 기술과 고도의 조작 방법의 결합은 직접판매 회사들이 성장하는 이유를 상당 부분 설명해 준다. 새로운 기술 영역에서는 더욱 그렇다.

1980년대에 암웨이 IBO들은 암웨이 소유의 앰복스서비스 Amvox service를 통해 가정용 전기 음성 메시지뿐 아니라 MCI 와의 제휴로 장거리 전화 할인 서비스를 시작했다.

1990년대에 가장 성공적인 비타민과 영양식품은 직접판매를 통해 시작됐다. 에페드라Ephedra, 체중감량, 피크노제놀 Pycnogenol, 노화방지, 그리고 에키나시아감기예방 같은 영양제품은 그것이 아무 때나 살 수 있을 만큼 일반화될 때까지는 오로지 직접판매를 통해서만 구입이 가능했다.

영양제품과 신기술을 통해 발전해 온 직접판매 회사들은 1995년에 미국에서만 약 180억 달러에서 1999년에는 270억 달러로 50퍼센트의 성장세를 보였다. 이는 같은 기간 동안 전통적인 소매점들이 올린 판매 성장률의 거의 2배에 가까운 수치다.

직접판매 회사들은 포화 상태에 이르기 전에 틀림없이 대규모 판매업체들이 경험한 장기 성장 곡선을 경험할 것이다. 약 300억 달러의 연간 매출을 올리고 있는 직접판매는 아직도 전통적인 소매점들이 올리고 있는 연간 3조 달러의 채 1퍼센트도 되지 않는다. 대규모 판매업체인 월마트 한 곳의 2000년 판매량만 해도 1,650억 달러를 넘는다.

아직도 일부 직접판매 회사는 자신의 사업을 완전히 이해하지 못하고 있다. 제품의 최종사용자를 자신이 교육시킨 고객클라이언트, Clients이 아닌 물건을 판매한 소비자커스터머, Customers로 간주하는 것이다. 두 용어의 사전적 의미를 보면 소비자는 상품이나 서비스를 구매한 사람이고, 고객은 다른 사람에게 전문적인 조언이나 서비스를 의뢰한 사람이라고 정의하고 있다.

직접판매 회사와 품목 파괴 업체의 성장과 더불어 매년 보다 효율성이 뛰어난 제품이 계속해서 늘어가고 있다. 새롭게 등장하는 첨단제품을 비롯해 건강식품, 영양제품 등 소비자가 아직 그 존재마저 알지 못하는 신제품과 서비스가 수십 가지는 된다. 이러한 제품 및 서비스와 관련해 고객을 가르치는 것과 지적 유통은 현재는 물론 가까운 미래에 가장 커다란 사업적 기회가 될 것이다.

우리는 앞에서 유통비용이 지난 30년 전 소매가격의 약 50퍼센트에서 70퍼센트까지 상승했다는 것을 살펴보았다. 또한 오늘날의 엄청난 부는 제품을 제조하는 좋은 방법을 찾는 것보다 그것을 유통시키는 좋은 방법을 발견한 사람에 의해 만들어진다는 것도 알게 되었다. 이제 유통 개척자들이 어떻게 그러한 목표를 성취할 수 있었는지 좀 더 고찰해 보자.

월마트 같은 회사들은 소비자와 공급자를 연결시키는 실시간 의사교환 시스템을 이용해 고객이 원하는 제품을 원하는 시간에 원하는 장소로 배달함으로써 실질적인 고객서비스를 증진시키는 동시에 유통비용을 낮췄다. 오늘날 월마트의 전산 데이터베이스 능력은 미 국방성에 이어 두 번째로 꼽힐 만큼 뛰어나다.

1990년대 초만 해도 이 실시간 의사교환 시스템은 자신과 공급자의 메인프레임mainframe, 중앙컴퓨터 간에 독점적인 의사교환 라인을 설치할 수 있는 대기업만 사용할 수 있었다. 물론 이 정도만 해도 오늘날 우리가 즐기고 있는 경제적 팽창에 불을 붙이는 데 큰 도움이 되었다. 그런데 1995년에 이 불에 휘발유를 들이붓는 효과를 만들어낸 역사적인 결정이 있었다. 그것은 바로 인터넷 기술의 개방이다.

인터넷은 1960년대에 미 국방성의 무기 과학자들이 개발하기 시작한 기술이다. 그들은 핵 재앙을 가상해 그러한 상황에서도 의사교환이 가능한 시스템을 개발하고자 연구하고 있었다. 이 시스템은 중앙기억장치 없이 서로 다른 기억장치를 연결시키도록 고안됐다. 따라서 생존한 시스템은 다른 시스템이 얼마나 많이 파괴됐든 상관없이 계속 의사교환을 할 수 있었다. 오늘날 인터넷이 믿을 수 없을 만큼 **빠른 속도로 대중화할 수 있었던 핵심은 바로 여기에 있다. 나아가 인터넷은 세계와 경제력의 초점을 조직체에서 개개인에게로 옮겨놓았다.

인터넷상의 첫 번째 노드Node: 로컬네트워크(LAN), 즉 네트워크의 기본 요소인 지역 네트워크에 연결된 컴퓨터와 그 안에 속한 장비들을 통합적으로 하나의 노드라고 한다는 1969년 UCLA캘리포니아대학교 로스앤젤레스 캠퍼스에서 UCLA의 컴퓨터와 스탠퍼드연구소의 컴퓨터를 연결하면서 설립되었다. 그리고 얼마 지나지 않아 두 개의 노드가 UC-샌터바바라와 유타대학간에 추가로 설치됐다. 미 국방성이 아파넷 ARPAnet이라고 부른 이 시스템은 순식간에 확산돼 지구촌의 수많은 과학자와 대학교를 연결하게 되었다. 이어 1983년에는 TCP/IP인터넷 프로토콜 스위트: 인터넷에서 컴퓨터들이 서로 정보를 주고받는 데 쓰이는 통신 규약의 모음라는 의사교환의 새로운 표준형이 실행됐다.

원래 이 시스템은 방어적인 목적으로 과학자들을 연결하기 위해 다양한 정부기관에 의해 설립된 것이다. 그러나 1985년이 되면서 자격이 있는 사람은 누구나 캠퍼스 컴퓨터에 접속할 수 있다는 결정이 내려졌다. 곧이어 이것은 인터넷의 주력 의사교환 라인을 민영화하는 9개년 프로그램으로 연결되었다.

민영화가 완성될 때까지 인터넷은 일곱 개 대륙과 그 외의 지역에서 5만 개의 네트워크 라인으로 성장했다. 하지만 그 때까지는 오늘날 우리가 일상적으로 쓰고 있는 인터넷과는 거리가 멀었다. 그러다가 1995년에 개개인이 자신의 독립적인 인터넷 계좌를 가질 수 있도록 허용하는 역사적인 결정이 내려졌다. 하룻밤 사이에 실시간 의사교환에 따른 경제적 이익과 일상생활의 편익이 모든 이에게 가능해졌다는 얘기다.

이에 따라 소규모 자영사업가에서 〈포춘〉지 선정 500대 기업에 이르기까지 기존에 자신들의 독점적인 의사교환 시스템을 구축했던 기업들은 소규모 공급자뿐 아니라 소비자까지 등장한 인터넷상에서 새로운 시작을 위한 설비를 갖추기 시작했다.

그 결과는 버스를 기다리는 것에서 식료품 쇼핑에 이르기까지 중심가에서부터 느껴지기 시작한다. 버스정류장은 전산화 시스템이 가동돼 운전기사는 손님이 기다리고 있을 때만 정차한다. 쇼핑의 경우에는 개개인의 식료품 저장실이 쇼핑몰과 연결돼 있어 그들이 물건을 사러 갔을 때는 이미 제품이 포장돼 있거나 아니면 자동적으로 배달된다.

하지만 사람들이 일상생활에서 이러한 시스템의 편익을 누리기 이전에 월스트리트는 이것을 미리 예측하고 발 빠르게 대응한다. 오늘날 월스트리트에서 상위 10위권이나 100위권을 차지하는 거대기업은 뛰어난 기술의 '도구 제조자'들이다. 사실 이들은 소비자들이 원하는 식품, 주택, 의류, 선박, 의료, 교육, 정보, 기타 어떤 것도 생산하지 않는다. 대신 그들은 다른 기업이 소비자가 궁극적으로 원하는 제품을 더욱 효율적으로 생산하도록 도와준다.

미국의 주식 시장에서 가장 가치가 뛰어난 상위 10개의 회사 중 5개의 기업을 살펴보면 시스코Sysco, 미국 식품 도매 회사, 마이크로소프트Microsoft, 미국 소프트웨어 회사, 인텔Intel, 미국 반도체 회사, 오라클Oracle, 미국 소프트웨어 제조 회사, 그리고 보다폰Vodafone, 영국 이동통신 사업자이 포함돼 있다. 이들 기업은 실제로 20년 전에는 존재하지도 않았지만 오늘날 그들의 결합된 넷net 가치는 1조 달러를 넘는다.

이것이 바로 오늘날 닷컴 회사들이 오해받을 소지가 있는 부분이다. 이들과 다른 수많은 기술 관련 회사는 도구 제조자들이다. 그들은 소비자가 원하는 최종재는 생산하지 않는다. 대신 그들은 다른 회사들을 도와 최종재의 생산비용을 낮추고 소비자들에게 보다 나은 서비스를 제공할 수 있도록 해준다. 하지만 실질적으로는 최종재와 서비스를 생산하고 유통시키는 회사들이 최종적인 결정권을 갖고 있다. 특히 그들은 도구 제조자들의 가장 큰 고객이다.

2001년 초기에 월마트는 판매량과 종업원 수에서 미국에서 가장 큰 회사가 되었다. 마치 존 메이너드 케인스가 "소비는 모든 경제 활동의 유일한 목적이다"라고 말한 것을 증명하듯이 말이다.

오늘날 경제의 폭발적인 성장은 주로 현존하는 재화 및 서비스 비용을 극적으로 떨어뜨리는 정보처리 기술에서 비롯된다. 바로 이것이 이런 일을 하는 데 앞장서고 있는 인터넷 회사들에게 높은 내재가치가 반영되는 이유다.

> **Tip**
>
> **시간은 기본이다.**
> **시간을 관리하지 못하면 그 무엇도 관리할 수 없다.**
> - 피터 드러커(Peter Drucker)
>
> 피터 드러커는 시간이야말로 우리가 관리해야 할 유일한 요소라고 말했다. 시간이 부족하다고 말하는 것은 주어진 시간을 제대로 관리하지 못했음을 인정하는 것이나 다름없다. 시간이 부족하면 어떤 능력도 소용없다. 좋은 결과를 얻으려면 시간을 통제할 수 있어야 한다.
>
> 우리에게 친숙한 '시간 경영'이라는 표현은 실제로 잘못된 표현이다. 누구도 시간을 경영할 수는 없기 때문이다. 사실 우리가 경영하는 것은 우리 자신이다. 시간 경영이란 나 자신을 잘 경영해 주어진 시간 내에 목표를 달성하는 것을 말한다.

THE NEXT TRILLION

다음 천만장자는 어디에서 나올까?

맺음말

맺음말

우리는 음식과 의학적 문제를 달러와 인구라는 잣대로 평가한다. 미국인은 매년 질병과 관련해 전체 소득의 1/7에 해당하는 1조 4,000억 달러를 지출한다. 인구의 27퍼센트에 해당하는 약 7,700만 명이 임상적으로 비만 상태고, 61퍼센트인 1억 8,400만 명이 체중과다이며 건강이 그리 좋지 못하다.

이 수치는 지난 몇 십 년을 거치면서 2배가 되었고 지난 5년간 10퍼센트나 올랐다. 더구나 이러한 현상은 마치 전염병처럼 대부분의 다른 선진국에서도 만연하고 있다.

중요한 것은 인간이 겪는 실질적인 고통은 돈이나 수치로 측정하기 어렵다는 점이다. 예를 들어 비만 상태인 7,700만 명은 인생을 낭비하고 있는 것으로 나타났다. 이들은 에너지가 부족해 자신의 인생, 일, 그리고 가족과 함께하는 시간을 충분히 즐기지 못한다. 그저 증상의 극히 일부만 치료해 주는 현대 의학에 기대 건강에 좋지 않은 음식, 그리고 질병과 관련된 제품 및 서비스를 소비하며 간신히 살아갈 뿐이다. 탓에 그들의 삶은 비극적으로 짧아지고 있다. 왜냐하면 비만은 만병의 근원이기 때문이다. 더욱 안타까운 현실은 비만한 사람은 사회적으로 차별대우를 받거나 비난을 받는다는 점이다.

비만하지는 않지만 체중과다인 미국인은 1억 700만 명에 이르는데 이들은 그다지 풍요롭게 살지 못한다. 이들은 가끔 피로감, 신경불안, 두통, 혼란과 근육이완 등을 겪을 정도로 잘못된 영양 상태에 빠져 있다. 의학적인 도움을 받으려 하면 이러한 문제가 초과체중을 유발하는 칼로리 불균형에서 비롯된 것이 아니라 노화 과정에서 정상적으로 발생하는, 즉 나잇살이라는 말을 들을 뿐이다. 여기에 산업화 논리에 따른 주위 환경은 비만한 사람을 더욱 비만해지도록 만든다.

5년 전, 이런 문제를 연구하기 시작했을 때 나는 해결책을 찾을 수 있을 거라고 낙관하지 않았다. 살아오면서 믿기 힘든 공산주의의 붕괴, 기아와 인종차별에 있어서의 괄목할 만한 개선을 보아왔음에도 건강 문제와 자본주의적 논리의 딜레마는 극복할 수 없다고 느꼈다. 내가 이처럼 비관적으로 생각한 이유는 이들 문제가 궁극적으로 경제 문제에서 비롯되었기 때문이다. 나는 존 메이너드 케인스가 했던 유명한 말을 기억한다.

"경제학자들의 사고는 일반적으로 알려진 것보다 훨씬 강력하다. 사실상 경제적 논리 외에 세상을 지배할 수 있는 것은 거의 없다. 자신은 어떠한 지식적 영향도 받지 않는다고 생각하는 사람도 대개는 이미 고인이 된 어떤 경제학자의 지적 노예다."

이미 미국 인구의 61퍼센트에 해당하는 불운한 사람들이 1조 달러의 식품 산업과 1조 4,000억 달러의 질병 산업에 묶인 노예가 되었다. 하지만 연구가 좀 더 진행되면서 나는 이 경제적인 문제에 대한 해결책을 찾을 수 있다는 확신을 하게 되었다.

다른 산업과 마찬가지로 웰니스 산업에서도 자신의 제품을 팔고 사는 기업이나 개인은 시장에서 경제적 이득을 얻고 싶어 한다. 그런데 그 과정에서 이들은 자신이 팔고 사려는 제품 및 서비스보다 훨씬 중요한 메시지를 전달하게 된다. 그들은 개인적으로 각각의 제품에 대한 특징을 자세히 알려줌으로써 우리 대부분을 괴롭히는 비만과 나쁜 건강에 대해 가르쳐주는 것이다.

어떤 신제품을 접했을 때 소비자는 제품을 사용하기 전에 신뢰할 만한 근거를 찾는다. 때론 확고한 결정을 내리기 위해 제품과 그 혜택을 직접 경험해 보기도 한다. 처음에는 긍정적이지 않을지라도 웰니스 메시지가 전달될 때마다 긍정적인 결정을 내리는 쪽으로 한 발 더 다가서게 된다. 나아가 일단 제품을 사용해 보고 긍정적인 경험을 하게 되면 웰니스 제품 및 서비스를 더 많이 이용하거나 아예 열성적인 소비자가 된다.

✱ 식이요법을 바꿔 16킬로그램의 체중을 감량한 어머니는 이제 더 많은 에너지를 얻기 위해 열성적으로 피트니스 클럽에 나간다.
✱ 새로운 비타민을 섭취해 학교생활에 더욱 집중하게 된 소년은 보다 나은 영양에 대해 배우고 식이요법을 바꾸려고 한다.
✱ 자기치료법으로 고질적인 통증을 없앤 아버지는 이제 더 나은 비타민에 대해 배우고자 한다.
✱ 에키나시아 덕분에 딸이 병에 시달리지 않아 더 이상 학교에 빠지지 않게 된 부모는 다른 자녀들을 위해 무엇이 좋은지 알고 싶어 한다.
✱ 포도당을 이용해 과거의 건강을 되찾고 무릎 통증 없이 자전거를 타게 된 사람은 무엇이 자신의 기억력을 높여줄 수 있는지 알고 싶어 한다.
✱ 소팔메토를 섭취하고 고통스러운 수술을 피하게 된 만성전립선환자는 자연요법의 경험을 널리 알리고자 한다.

일단 소비자가 웰니스 제품에 만족하면 삶을 개선해 줄 수 있는 제품 및 서비스를 더 많이 소비하려 한다. 경제학의 아버지, 애덤 스미스는 《국부론》1776년에서 개개인의 이기적인 이익 추구가 사회의 총체적인 복지에 어떻게 직접적으로 관여하는지 묘사하고 있다. 스미스는 사회 전반의 복지를 증진시키는 개개인의 모든 행동을 '보이지 않는 손'으로 표현했다. 계몽시대의 진보적인 과학자, 스미스가 구체적으로 이름을 밝히지는 않았지만 그의 저서를 읽으면 누구의 '보이지 않는 손'이 움직였는지 명확히 알 수 있다.

오늘날 웰니스 산업과 긍정적인 경제의 힘 속에서 작용하는 신의 손보다 나은 본보기를 찾기는 어렵다. 내 아버지는 신앙심이 깊었다. 신이 뭔가를 창조했을 때는 분명 이유가 있을 거라고 진정으로 믿었다. 심지어 암으로 죽을 때조차 신념이 흔들리지 않았다. 아버지는 자신의 질병과 사회의 경제적인 문제는 신이 우리에게 준 도구를 이롭게 사용하지 못한 결과라고 믿었다. 신은 인류를 놓고 주사위 놀이를 하지 않는다는 아인슈타인의 말을 인용하면서 신을 굳게 믿었던 것이다.

나 역시 이러한 신념을 간직한 채 30년 전에 와튼스쿨에 갔다. 그곳에서 나는 자유시장 경제의 근간을 이루는 놀라운 질서를 보기 시작했다. 그 질서는 그의 자녀들이 모두 번영하는 기회를 갖길 바라는 자애로운 신에 의해 만들어졌을 것이다.

그런데 학생들이 물리학을 처음 배울 때 그들은 간혹 신의 부재를 발견한다. 연역적 논리를 통해 은하계의 비밀을 명확히 설명하는 과학을 배우다 보면 신념에 바탕을 둔 신앙적 원리는 아주 부적절해 보인다. 학생들은 훨씬 더 높은 지식을 쌓아야 초현실적 존재가 우주를 창조했고 그것이 어떻게 작용하는지 발견할 수 있도록 길을 열어놓았다는 인식을 하게 된다. 대표적으로 알베르트 아인슈타인은 처음에 무신론자였지만 인생의 후반기에는 깊은 정신적 신앙을 갖게 되었다.

내 아버지는 신은 인류를 놓고 주사위 놀이를 하지 않는다는 아인슈타인의 말을 깊이 믿었지만, 사실 아인슈타인이 그 말을 할 때는 큰 실수를 했다. 그것은 젊은이를 열매 없는 열정으로 이끈다는 점이다.

아인슈타인은 극미한 전자에서 거대한 혹성에 이르기까지 우주만물의 행동을 설명할 수 있는 통일된 이론을 찾기 위해 연구하고 있었다. 그러는 동안 아인슈타인은 개개의 극미한 부분은 주사위처럼 되는 대로 움직이지만, 그것이 하나의 거대한 전체로서 관찰될 때는 '개연성蓋然性: 절대적으로 확실한 것은 아니지만 아마도 그럴 것이라고 생각되는 성질'이라는 확립된 법칙에 따른다는 것을 알게 되었다.

오늘날 부분적인 요소들의 가능한 행동에 입각한 양자 구조학은 우리에게 원자에서부터 개인용 컴퓨터에 이르기까지 많은 것을 안겨주고 있다. 아인슈타인이 설명하면서 빠뜨린 부분은 신은 우리에게 주사위를 주었으며 또한 우리에게 주사위가 어떻게 작용하는지 이해할 수 있는 통계학이라는 과학을 주었다는 점이다.

개별적인 사건이 항상 어떤 설정된 법칙을 따르는 것은 아니지만, 횟수를 여러 번 반복하면 법칙에 근접하게 된다. 이 빈도에 대한 수학적 개념은 학생이나 신출내기 기업가가 이해하기엔 다소 어렵다.

나는 뉴욕대학에서 교편을 잡기 시작한 첫날부터 지난 20년간 한 가지 실험을 꾸준히 실행해 왔다. 우선 학생들에게 동전을 10번씩 던져 그 결과를 기록하게 했다. 이때 놀랍게도 학생들이 예상했던 50퍼센트의 확률 대신 동전의 한쪽 면이 80~90퍼센트나 더 많이 나왔다. 그런데 100번을 실시하게 하자 그 확률은 47~53퍼센트로 나타났다.

이것은 무엇을 의미할까? 예를 들어 결혼을 하거나 직업을 결정하는 경우에는 의사결정을 할 때 설정된 통계를 적용하기 어렵다. 일생에 걸쳐 여러 번 반복할 기회가 없기 때문이다. 이때 가장 중요한 것은 누구와 결혼하는가 혹은 얼마나 특별한 노력을 기울이는가 하는 일이다. 하지만 우리가 가능한 결과를 도출하기 위해 충분히 반복할 수 있는 상황이라면 통계 자료는 굉장히 유용하다.

지난 수년간 나는 어떤 특별한 일이나 거래에서의 성공에 그다지 관심을 기울이지 않았다. 그 대신 유사한 거래에 대해 지속적으로 일련의 행동을 한 다음, 충분한 횟수를 거듭해 그 결과를 분석하고자 했다. 그동안 나는 관리자로서 교육자로서 그리고 비상근 정부 관료로서 젊은이들에게 예상에서 벗어나는 결과가 나오는 이유는 무엇이냐는 질문을 많이 받았다. 나는 그들을 설득하려 노력하는 한편, 신이 어떤 규칙과 순서를 가지고 세상을 창조했음에도 그러한 규칙을 절대적으로 지키는 것은 아니라는 사실에 나 역시 혼란스러웠다.

어떤 사람은 우리 인간이 자기 스스로 일을 해결함으로써 너무 자만에 빠지는 것을 경계하도록 하기 위해서라고 말했다. 또 어떤 사람은 사회에서 성공하는 데 필요한 것을 갖고 태어나지 못한 사람들에게 기회를 주기 위해서라고 했다.

THE NEXT TRILLION

다음 천만장자는 어디에서 나올까?

부록 1

살기 위해 먹는 식품이 과연 우리를 살리고 있는가?

부록 1
살기 위해 먹는 식품이 과연 우리를 살리고 있는가?

아담과 이브는 음식에 대해 크게 걱정하지 않았다. 성서에 따르면 에덴동산의 모든 나무는 보기에 즐겁고 먹기에도 좋은 열매를 맺고 있었다. 하지만 이브가 사과를 먹으면서 그 땅은 저주를 받았고 힘든 노동을 통해서만 식량을 얻을 수 있게 되었다.

이후로 식량을 구하려는 노력이 우리의 생활을 지배했다. 식량이란 무엇인가? 그것이 인간의 생존에 그토록 필요한 것인가? 인간은 맛이 좋아서 즐기는 것 외에도 다음의 3가지 목적을 위해 식량을 얻고자 한다.

▶ 에너지: 외적인 일을 하고 심장, 폐, 기타 장기가 기능하는 데 필요한 연료(칼로리).
▶ 인체를 구성하는 영양소: 피, 피부, 뼈, 머리카락, 내장기관을 만드는 재료(예: 단백질, 대부분의 무기질). 인체는 매일 지속적으로 모든 세포를 대체하고 재생한다.
▶ 촉매: 음식물 에너지가 신체 장기로 흡수되는 것을 촉진시키는 화학적 화합물.

  인간은 불과 몇 시간마다 에너지를 위한 음식물을 필요로 한다. 또한 하루 혹은 반나절을 기준으로 인체를 구성하는 영양소를 얻거나 촉매를 위한 특별한 음식이 필요하다. 인체는 생물학적으로 에너지가 필요할 때 즉각 감지하도록 프로그램이 짜여 있다. 예를 들어 때가 되면 우리는 배고픔을 느낀다. 불행히도 우리는 인체가 결핍을 호소할 때만 인체를 구성하는 영양소나 촉매가 부족하다는 것을 알게 된다.
  우리 몸은 구조적으로 최고의 에너지가 함유된 음식을 찾도록 만들어져 있다. 최고의 에너지를 함유한 음식은 맛이 가장 좋다. 상업적인 식품업자들은 바로 이러한 생물학적 프로그래밍을 이용해 성공적으로 돈을 벌고 있다. 물론 이것은 오늘날 선진국에서 사람들의 건강이 날로 나빠지고 있는 주요 원인이기도 하다.

건강 면에서 미국은 선진국 중 최악의 국가다. 미국인은 비만율이 매우 높고 유럽과 아시아인보다 의료비를 3배나 더 많이 지출한다. 이처럼 미국인이 높은 비만율과 좋지 않은 건강으로 고통 받게 된 원인 중 하나는 무시무시한 식이요법에 있다. 미국인의 보편적인 식이요법에는 2가지의 커다란 문제가 내포되어 있다.

첫째, 과식한다. 그래서 미국인의 61퍼센트가 과체중이다.

둘째, 몸이 필요로 하는 최소량의 영양소나 촉매를 섭취하지 못한다.

이러한 문제를 이해하고 치료하려면 먼저 인체 내에서 음식물이 에너지와 영양물질로 변화하는 과정을 간단히 살펴볼 필요가 있다. 모든 음식물은 다음의 6가지 영양소 중 하나 혹은 그 이상으로 구성되어 있다.

▶ 물
▶ 탄수화물 : 설탕, 빵 등
▶ 지방 : 지방질, 기름 등
▶ 단백질 : 고기, 생선, 계란, 야채 등
▶ 비타민 : 과일, 야채 등
▶ 무기질 : 과일, 야채 등

음식이 입 안에 들어가면 이와 침 속에 있는 효소가 이를 분해한다. 그 다음으로 음식물이 위에 들어가면 소화액이 분비되면서 6가지 영양소로 소화된다.

인체는 60퍼센트 이상이 물로 구성되어 있고 하루에 약 1쿼트1.14리터의 물을 필요로 한다. 가능하면 식사 중에는 물을 먹지 않는 것이 좋다. 위 속의 화학물질이 희석되면 그 효능이 감소해 귀중한 영양소가 몸에 흡수되는 대신 물과 함께 씻겨 내려가기 때문이다.

음식에 함유된 에너지와 몸에 필요한 에너지는 모두 칼로리라는 단위로 측정한다. 개개의 음식 칼로리 수치는 무게를 잰 음식을 연소시켜 그것이 생산해 내는 열량으로 측정한다. 수면에서부터 가파른 언덕을 조깅하는 것에 이르기까지 특정한 신체 활동에 의해 연소되는 칼로리 수치를 측정하는 것도 가능하다.

6가지 영양소 중에서 탄수화물그램당 4칼로리, 지방그램당 9칼로리, 단백질그램당 4칼로리만 에너지를 공급한다. 인체는 하루에 여성은 약 2,200칼로리, 남성은 2,900칼로리를 필요로 한다. 당연한 얘기지만 매일 운동을 하는 사람은 앉아 있는 사람보다 더 많은 칼로리가 필요하다.

다음의 표는 30분간 서로 다른 형태의 활동에 의해 연소되는 칼로리의 양을 보여준다. 어떤 수준에서 활동을 하든 인체는 숨을 쉬거나 혈액순환 등 기초대사를 위해 에너지의 65퍼센트를 사용한다.

30분간의 활동으로 연소되는 칼로리

활동(30분)	사람 A(55킬로그램)	사람 B(80킬로그램)
자전거 타기(시속 14~16마일)	288	420
스키 타기(언덕 아래로)	238	346
자전거 타기(산)	230	336
조깅	191	278
수영	166	242
테니스(단식)	166	242
골프(클럽 운반 포함)	166	242
걷기(시속 4마일)	140	205
역기 들기(일반)	94	36
골프(카트에 타고)	94	136
윗몸일으키기	29	42
수면	25	27

매일의 칼로리 섭취량이 몸의 요구량을 초과하면 몸은 그 초과량을 지방으로 전환시킨다. 물론 적당량의 지방일반적으로 몸의 15~25퍼센트은 수많은 신체 기능에 매우 중요하다. 지방은 체온 유지에서부터 체내 장기 보호, 충격 흡수 역할, 그리고 지용성비타민 흡수를 돕는 것이다. 만약 인체에 지방이 너무 적으면 우리 몸은 에너지 소요량을 충족시키기 위해 근육과 내

장을 파괴하기 시작한다.

반대로 일정 기간 동안 몸이 사용하는 칼로리보다 더 많은 칼로리를 섭취하면 몸은 그것을 지방으로 전환시켜 몸에 저장해 둔다. 이러한 잉여지방은 처음에 남성의 경우 위에 나타나고 여성은 허벅지에 나타난다. 비만이 만병의 근원으로 불리는 이유는 이 잉여지방이 피로, 심장병, 암, 기타 생명을 위협하는 질병을 유발하기 때문이다.

이론적으로는 지방이 생명을 위협하기 전에 몸이 더 많은 에너지를 필요로 하도록 만들어 잉여지방이 칼로리로 전환되어야 한다. 불행하게도 오늘날 이것은 다음의 4가지 이유 때문에 점점 힘들어지고 있다.

▶ 우리 몸은 지방 칼로리를 소비하기 전에 이용 가능한 탄수화물 칼로리를 먼저 소비한다.
▶ 우리 몸은 저장된 것을 사용하기 전에 음식을 찾도록 요구한다.
▶ 즉시 흡수 가능한 식품은 신진대사를 고지방 수준으로 길들인다.
▶ 현대인이 먹는 식품의 유형은 에너지 저장을 위한 생물학적 프로그램이 발달했던 과거와 완전히 다르다.

그러면 4가지 이유에 대한 내용을 하나하나 살펴보자.

첫째, 굶주렸을 때 바로 먹을 수 있는 음식에 손이 가듯 인체는 가장 쉽게 에너지로 전환할 수 있는 에너지원을 소비한다. 칼로리가 있는 영양소 중에서 분자 형태가 단순해 몸이 신속하게 에너지로 전환할 수 있는 것이 바로 탄수화물이다. 그런 이유로 한동안 음식을 먹지 못했거나 강한 운동을 한 직후에는 대개 탄수화물을 갈망하게 된다.

 반면 지방의 분자는 복잡하기 때문에 에너지로 전환혹은 연소하는 데 더 많은 에너지와 시간을 필요로 한다. 따라서 인체는 항상 저장된 지방의 분자를 분해하기 전에 즉시 이용 가능한 탄수화물을 찾는다.

 둘째, 에너지가 필요해진 인체는 저장된 잉여지방을 분해하기 한참 전에 배고픔을 느낀다. 탄수화물을 요구한다는 얘기다. 이러한 생물학적 프로그래밍은 선사시대의 인류에게 커다란 도움이 되었다. 선사시대 사람들은 음식이 풍부할 때 충분히 섭취해 음식을 구하지 못해 굶주릴 때를 대비했다. 이로 인해 먹을거리가 있으면 그것이 마지막 식사라도 되는 듯 게걸스럽게 먹어댔다. 이것은 인류가 경작을 통해 식량을 저장하고 동물을 길들이는 방법을 배우기 전에 짜인 프로그램이다.

 인간이 동물과 구별되는 특징 중 하나는 생물학적 프로그래밍에 반하여 지각 있는 선택을 할 수 있다는 것이다. 인간과 동물은 모두 생물학적인 식욕과 욕망이 충족되면 즐거워

한다. 중요한 차이가 있다면 인간은 생물학적 욕망보다 우월한 욕망을 제어할 수 있는 마음과 의지가 있다는 점이다. 안타깝게도 오늘날 이것은 식사 습관을 제외한 모든 분야에서 사실인 것 같다.

어떤 동물은 식량이 풍부한 세계에서 생물학적 프로그래밍을 바꾸는 방법을 배웠다. 오늘날 애완동물을 기르는 사람들은 애완동물이 다음 식사를 요구할 때까지 기다리기보다 한가할 때 먹도록 먹이를 미리 담아놓는다. 수의사들과 애완동물 주인들은 동물이 배가 고플 때만 먹이를 주면 몸이 더 이상 먹이를 필요로 하지 않아도 주는 양을 모두 먹으려고 한다는 것을 알고 있다. 하지만 어느 때든 먹이를 먹을 수 있게 하면 식욕을 조절해 최적의 건강에 필요한 만큼만 먹는다. 이것은 바로 우리 인간이 배워야 할 교훈이다.

오늘날 우리는 우리의 부모들이 식사를 할 때보다 훨씬 빨리 먹는다. 그때는 모든 사람이 테이블에 둘러앉아 오랫동안 대화를 나누며 식사를 했다. 음식물을 섭취해서 굶주림을 충분히 해소할 때까지는 보통 10~15분이 걸린다. 이것이 간혹 식당에서 주요 요리가 늦게 나왔을 때 더 이상 배가 고프지 않은 이유이다. 요리와 요리 사이에 소요되는 시간과 음식을 소화시키려고 씹을 때 필요로 하는 칼로리의 양만으로도 배고픔은 어느 정도 면할 수 있다.

반면 약속을 위해 급하게 먹거나 패스트푸드 식당에서 빠르게 먹으면 충분한 칼로리 이상을 섭취했어도 그다지 배부른 느낌이 없다. 그만큼 뇌가 배부르다는 것을 인지하기까지는 시간이 걸리기 때문이다.

셋째, 만약 방학동안 지나치게 식사량이 많아져 몸무게가 7킬로그램이 늘었다면 기초대사 칼로리 요구량도 증가한다. 몸무게가 늘기 전에는 2,500칼로리만 섭취해도 배고픔을 느끼지 않았지만, 이제는 3,000칼로리를 섭취해야 배고픔을 느끼지 않게 된다는 얘기다. 더구나 몸과 식욕은 균형을 더 높게 잡기 때문에 섭취하는 칼로리는 아마도 8킬로그램이 더 늘어난 수준에 이를 것이다.

<u>음식을 바로 먹을 수 있고</u> 또한 위배고픔가 요구하는 대로 먹는다면 그 증가된 체중은 그대로 유지될 확률이 높다. 이때 체중을 줄이려면 사전행동조치예를 들면 식이요법를 취해야 한다.

넷째, 저장된 잉여지방이 칼로리로 전환되지 않는 결정적인 이유는 오늘날의 음식이 에너지를 절약하기 위한 생물학적 프로그램이 발달했던 과거의 음식과 완전히 다르기 때문이다. 한마디로 오늘날의 음식은 지방을 훨씬 더 많이 함유하고 있다.

식량에 대한 생물학적 프로그래밍이 발달했을 때 우리의 조상들은 대개 저지방 야채식과 사냥한 고기를 약간 먹었다. 설사 지방이 들어 있는 식품일지라도 오늘날 우리가 먹는 지방보다 함유량이 훨씬 적었다. 오늘날 호르몬 처리된 동물은 총무게 중에서 30퍼센트가 지방인데 비해, 조상들이 사냥한 고기는 총무게 중 5퍼센트 정도가 지방이었다.

과거에는 지방이 매우 귀하고 유용해서 사람의 입맛은 지방과 동물의 지방 부위를 굉장히 갈망했다. 오늘날 식품업자들은 바로 그러한 미각적 갈망을 이용하고 있다. 연쇄살인을 다룬 영화 〈세븐〉에서 첫 희생자인 뚱보 남자는 음식물 범벅에 머리를 박은 채 죽었다. 이는 성서가 7가지 대죄의 하나로 꼽은 '탐식'을 상징한다. 이처럼 우리는 말 그대로 먹어서 우리 자신을 죽이고 있다.

지난 세기와 마찬가지로 우리는 식사에서 지방의 비율을 거의 배로 늘렸다. 1910년에는 지방에서 20퍼센트의 칼로리를 얻었지만 오늘날에는 약 35퍼센트를 얻는다. 하지만 이 35퍼센트는 평균 수치로 여기에는 모순이 내포되어 있다. 사실 수백만 명의 고소득층에 속하는 미국인은 지방에서 20퍼센트 이하의 칼로리를 취하는 식사를 한다. 반면 역시 수백만 명 이상의 저소득층은 생명을 위협하는 지방에서 50퍼센트 이상의 칼로리를 얻는 식사를 한다.

모든 전문가는 인체가 칼로리의 약 20퍼센트를 지방에서 섭취하도록 생물학적으로 프로그램되어 있다는 데 동의한다. 그럼에도 수백만 명 이상이 50퍼센트가 넘는 칼로리를 지방에서 얻는 것이다. 그러니 비만이 만연하는 것은 당연하다.

대다수 미국인의 건강을 위협하는 두 번째 주요 문제는 인체 구성에 꼭 필요한 영양소를 균형 있게 섭취하지 못한다는 점이다. 흔히 성인은 몸이 충분히 성장했다고 생각하지만 신체 조직을 이루는 개개의 세포는 매일, 매월의 계획에 따라 교체된다. 이 세포에는 20개의 다른 아미노기를 갖는 산으로 구성된 10만 개의 다른 단백질이 들어 있다.

음식은 우리에게 인체 조직의 세포를 구성하는 데 요구되는 동식물의 단백질을 공급한다. 이것을 매일 공급하지 않으면 칼로리 형태로 아무리 많은 에너지를 얻어도 신체 내외 기관의 죽어가는 세포들을 대체하지 못해 몸과 마음이 악화된다.

또한 음식은 우리의 생명과 건강을 유지하는 데 필수적인 특정한 무기질을 공급한다. 필수 무기질에는 14가지가 있는데 그중 어떤 것은 인체를 구성하는 일보다 신경자극전달물질이나 호르몬 구성 성분 등으로 쓰이기도 한다. 하루에 필요로 하는 100밀리그램 이상의 무기질 중에 7가지가 주요 무기질로 그것은 칼슘, 염화물질, 마그네슘, 인, 칼륨, 나트륨, 황이다. 나머지 7가지는 철이나 아연 같은 미량 무기질을 말한다.

이러한 영양소 외에도 음식은 음식을 에너지로 변환시키는, 그리고 아미노산의 화학적 변화에서 촉매 역할을 하는 13가지의 필수 비타민을 공급한다. 촉매는 비록 소량이긴 해도 반드시 필요한 물질로 특정한 화학반응이 일어나게 한다. 예를 들어 녹색 잎이 많은 채소에 함유된 비타민 B3가 없으면 몸은 동식물의 음식에서 단백질을 기본 아미노산으로 만들지 못한다. 아무리 많은 영양소를 섭취해도 비타민이 적절하게 촉매 역할을 해주지 않으면 영양소가 제 기능을 발휘할 수 없다는 얘기다.

충분한 단백질, 비타민, 무기질을 섭취하지 못했을 경우에 나타나는 초기 증상은 기분 저하, 피로감, 신경질, 두통, 근육 약화 등이다. 영양 부족 상태가 오랫동안 지속되면 우리가 흔히 노화 과정으로 알고 있는 암, 고혈압, 알츠하이머병, 그 밖에 많은 질병이 발생한다.

현대 의학은 질병의 근본적인 문제보다 각각의 증세에 초점을 맞춘 약으로 이러한 문제를 치료한다. 여기서 말하는 근본적인 문제란 '우리가 무엇을 먹는가'를 의미한다. 아니, 영양 부족의 경우에는 '우리가 무엇을 먹고 있지 않은가'를 뜻한다.

그렇다고 혹시 중요한 영양소를 충분히 섭취하지 못하고 있는 것은 아닌가 하고 고민할 필요는 없다. 다행히 우리 몸은 매일 소량의 단백질과 적은 양의 무기질, 그리고 비타민을 필요로 한다. 단백질의 경우 하루에 여성은 46그램, 남성은 58그램이면 충분하다. 이는 쇠고기와 가축 산업이 현혹하는 광고로 인해 사람들이 보통 필요하다고 생각하는 것보다 적은 양이다. 얄궂게도 고기와 우유제품은 다량의 해로운 지방을 함유하고 있기 때문에 생선이나 견과, 빵, 야채 같은 다른 단백질 공급원에 비해 그리 좋지 않은 단백질 공급원이다.

비타민의 경우, 인체는 하루에 60밀리그램의 비타민 C, 200밀리그램의 비타민 B8엽산을 필요로 한다. 이 정도 양은 일반적으로 쉽게 구할 수 있는 신선한 식품에 풍부하게 들어 있다. 몸에 반드시 필요한 14가지의 무기질 역시 신선한 식품에 충분히 함유돼 있다.

그렇다고 방심하긴 이르다. 매일 비교적 적은 양의 단백질, 비타민, 무기질이 필요하고 그것이 자연식품에 풍부하게 함유돼 있음에도 불구하고 현대의 식품이 인체가 필요로 하는 양을 충족시키지 못하고 있기 때문이다.

우리의 조상들이 사냥과 수렵을 할 때는 사냥한 고기와 견과, 과일, 콩, 곡식, 뿌리 같은 식물성이 풍부한 식사를 하며 살았다. 어느 한 가지만 먹고살아도 될 만큼 영양이 풍족했던 식품이 없어서 자동적으로 다양한 식품에서 단백질, 비타민, 무기질 등 몸이 필요로 하는 칼로리를 섭취했던 것이다. 이에 따라 몸은 다양한 식품이 제공하는 영양소에 적응하게 되었다.

시간이 지나면서 사냥과 수렵을 하던 이들은 농부가 됐고 인간의 현명함과 전문화의 결과로 특정한 식품을 다량으로 생산하게 되었다. 그리고 그것을 다른 식품과 거래했다. 중요한 것은 자연적으로 가장 맛있고 오랫동안 보관할 수 있는 식품을 중심으로 생산하게 되었다는 점이다. 대표적인 것이 마른 고기와 오래된 치즈처럼 지방이 풍부한 식품이다.

이와 더불어 세계의 인구는 예수 그리스도 시절의 약 2억 명에서 19세기 말경까지 10억 명으로 꾸준히 늘어났다. 하지만 20세기에 발달한 농업 기술은 충분한 식품을 얻지 못해 굶주림에 시달리던 문제를 말끔히 없애버렸다. 녹색혁명 결과 인도와 중국은 굶주리던 경제에서 식량 순수출국으로 변신했다. 이제 세계 인구는 10억 명에서 60억 명으로 늘었지만 미국이 주도한 경작 기술 덕분에 식량은 오히려 남아돌고 있다. 1930년~1980년에 미국은 3,000만 명의 농민이 국내 인구 1억 명에게 간신히 식량을 공급했지만, 이제는 300만 명의 농민이 3억 명의 인구에게 충분한 식량을 공급하고 있다. 더구나 농업 생산은 갈수록 능률이 향상됐고 그 발전은 끝이 보이지 않을 지경이다.

미국 농무성USDA은 본래 농민의 이익을 지키기 위해 설립된 기관이다. 특히 가뭄과 흉작의 시기에 말이다. 그런데 농업의 효율성이 상승하는 동안 미국 농무성의 예산은 식품 가격을 높게 유지해 농민의 경제적 이익을 지켜주기 위해 엉뚱한 방향으로 사용됐다. 농민이 식품을 더 재배하지 않도록 하기 위해 해마다 농민에게 '농가수입안정화' 명목으로 수십억 원을 지급했던 것이다.

이러한 보조금은 소비자가 비싼 값에 식품을 사먹게 하는 동시에, 농민의 새로운 기술 개발을 막고 소비자가 실제로 원하는 품종으로 전환하지 못하게 했다. 가장 큰 문제점은 따로 있다. 1999년 한 해 동안 184억 5,000만 달러의 보조금이 지불되자, 미국 경제가 더 이상 많은 농민을 필요로 하지 않음에도 많은 젊은이가 농민의 길을 택하는 현상이 벌어졌던 것이다.

결과적으로 미국 농무성의 노력에도 불구하고 공급이 수요를 훨씬 초과했고, 농산물 가격은 20세기 후반 내내 계속해서 하락했다.

농민이 기본 식품에서 받는 가격이 하락함에 따라 농업에서 이익을 얻을 기회는 식품예를 들면 밀, 우유, 과일, 가축 등 원료를 생산하는 것에서, 이러한 식료품을 선반에 오래 보관할 유명브랜드 제품예를 들면 곡물, 조미료, 가공치즈, 통조림, 냉동식품, 소금에 절인 고기 혹은 반가공식품 등으로 가공하는 것으로 바뀌었다. 특히 소금에 절인 고기와 반가공식품이 인기가 있었는데, 그 제품은 처음에는 소비자도 자신이 그것을 원하고 있다는 것을 몰랐지만 이후 무한한 소비 성향을 보였다.

식품의 변화에서 무엇보다 주목을 받은 것은 바로 패스트푸드다. 이 새로운 형태의 식품이 내세운 장점은 맛, 가격, 쉽게 구할 수 있는 것 등이 아니라 서비스 속도였다.

이처럼 식품의 공급 분야에서 위대한 과학 기술의 발전이 이뤄지는 동안 기본적인 영양에 대한 우리의 지식도 더불어 발전했다. 과거에는 소비하는 대중은 물론 많은 식품 과학자와 기술자도 단백질, 비타민, 무기질의 필요성을 충분히 알지 못했다. 각각의 식품 회사는 자사제품을 경쟁자의 것보다 맛있고 더 오래가게 하며, 또한 미생물의 오염을 막는 데 집중했을 뿐이다.

돌이켜보면 그들은 직무를 수행하는 과정에서 감탄할 만한 일을 했다. 제2차 세계대전 말에 가공된 패스트푸드는 대부분의 미국인에게 그다지 인기가 없었다. 하지만 20세기 말까지 가공된 패스트푸드 판매는 연간 약 1조 달러로 미국 국내 총생산의 1/7 정도까지 상승했다. 이러한 패스트푸드는 싼값에 기본 칼로리를 섭취하도록 만들었음에도 불구하고 뜻하지 않게 많은 국민의 건강을 해치는 데 일조하고 말았다.

식품 회사는 제품을 더 맛있게 만들기 위해 지방을 첨가했다. 지방으로 식품에 맛을 더하자 더 많은 고객이 그들의 제품을 먹었고, 고객은 갈수록 뚱뚱해졌다. 그리고 고객은 살이 찔수록 더욱 많은 식품을 소비하게 되었다. 한마디로 악순환이 반복된 것이다.

식품 회사는 제품이 오염되는 것을 막기 위해 저온 살균을 하거나 가열했다. 오늘날 모든 통조림 식품과 우유, 주스는 저온 살균된다. 불행히도 캔을 비롯한 여러 가지 용기에 저장한 상태에서 시간이 경과할 때는 물론이고 식품에 열을 가하는 것 자체가 비타민과 무기질을 파괴한다. 반면 통조림 제조와 그밖에 다른 형태의 식품 가공은 일반적으로 단백질, 지방, 탄수화물에는 영향을 주지 않는다.

그뿐 아니라 식품 회사는 유통 및 보관 기간을 늘리기 위해 안전을 더하기 위해 안전하다는 추정 아래 엄청난 양의 나트륨에서 현기증이 날 정도의 화학혼합물에 이르기까지 온갖 방부제를 첨가한다. 일반적인 성인은 식품에 천연적으로 함유된 하루 500밀리그램의 염분만으로도 충분하다. 하지만 대부분의 가공식품에 광범위하게 첨가된 소금 때문에 미국 성인은 하루에 500밀리그램의 10~14배를 섭취한다. 특히 가공식품은 미각을 둔감하게 해서 더 이상 맛을 느끼지 못하게 만든다. 더구나 여기에 들어 있는 엄청난 양의 소금은 뇌졸중, 심장병, 신장병 등의 위험을 높이는 고혈압의 기본 원인이다.

결국 오늘날 미국인이 먹는 식품은 열량은 높지만 영양 전문가들이 걱정하는 것처럼 필수 비타민, 무기질, 단백질 함유량이 낮거나 결여되어 있다.

몸은 살이 찌지 않는 상태에서 하루에 2,200~2,900칼로리를 소모할 수 있다. 하지만 이러한 칼로리가 제대로 활용되려면 단백질, 비타민, 무기질, 그리고 건전한 지방을 균형 있게 섭취해야 한다. 물론 현실적으로는 가공식품 라벨에 인쇄된 영양소를 언뜻 보기만 해도 칼로리가 얼마나 불균형 상태인지 알 수 있다.

일반적인 소다 캔 하나는 설탕 38밀리그램, 나트륨 70밀리그램, 카페인·여러 가지 방부제·단백질 0밀리그램, 비타민, 무기질이 함유되어 있다고 표기돼 있으며 이는 칼로리가 140이 부족하다. 전형적인 패스트푸드 식사는 비타민과 무기질을 거의 함유하고 있지 않으면서도 칼로리는 놀랍게도 1,000이 넘는다. 맥도날드의 감자튀김 1인분은 28그램으로 270밀리그램의 나트륨이 추가된 상태임에도 칼로리는 230이 결여되어 있다.

이들 식품이 지니고 있는 문제는 칼로리가 높다는 것이 아니라 영양소가 결여되어 있다는 점이다. 더구나 필수적인 영양소가 결여된 이들 식품은 믿기 힘들 정도로 높은 수준의 지방을 함유하고 있다. 물론 지방이 많이 들어가 있으면 음식 맛은 더 좋아진다.

건전한 식품은 칼로리의 약 20퍼센트가 지방1밀리그램의 지방은 9 칼로리에서 나와야 한다. 그리고 나머지는 탄수화물과 단백질로 충당해야 한다. 맥도날드 햄버거는 55그램의 디럭스 한 개만 해도 지방이 490칼로리61퍼센트나 810칼로리를 차지한다. 이때 감자튀김450칼로리와 22밀리그램의 추가 지방이 함유된을 먹지 않아도 55그램의 지방은 하루 종일 소비할 수 있는 최대량으로 한 가지 식품에서 섭취할 양이 아니다.

반면 가공하지 않은 자연 상태의 식품은 칼로리, 비타민, 무기질이 있고 지방 함유량이 낮다. 과일은 탄수화물이 많고 비타민, 무기질이 함유돼 있으며 사실상 지방이 없다. 예를 들어 바나나는 103칼로리의 에너지와 0밀리그램의 지방을 함유한다.

또한 신선한 야채는 엄청난 양의 비타민, 약간의 단백질을 함유하고 있고 지방은 거의 들어 있지 않다. 브로콜리 한 줄기는 5밀리그램의 단백질이 함유되어 있는 반면 지방은 없다. 100칼로리를 함유한 중간 크기의 감자 1개는 6밀리그램의 단백질이 있고 지방은 없다.

한편 생선, 고기, 닭고기는 단백질, 비타민, 무기질로 가득 차 있으며 탄수화물은 없고 다양한 지방이 함유되어 있다. 예를 들어 170그램의 넙치 1인분은 단백질 35밀리그램과 지방 2밀리그램을 함유한다. 그러나 스테이크갈비 눈 170그램은 단백질39밀리그램은 비슷하지만 지방은 믿기 힘들게도 55밀리그램을 함유한다. 170그램의 닭고기 1인분연하고 짙은 고기의 경우에는 단백질 46밀리그램과 지방 25밀리그램을 함유한다.

불행히도 우리는 조상들의 식습관과 완전히 다른 식습관으로 살아가고 있다. 조상들은 기본적으로 지방, 소금, 화학방부제가 첨가되지 않은 신선한 식품을 이용해 집에서 만든 음식을 섭취했다. 그러나 늘 시간에 쫓기는 현대인은 대개 신선한 재료로 직접 만든 음식을 섭취하는 경우가 드물다. 그보다는 완전히 준비된 지방, 설탕, 나트륨, 화학 식품첨가물 등이 다량으로 들어간 가공식품을 구입해서 먹는다.

집 밖에서 식사하거나 포장한 음식식당에서 음식을 사갖고 가기을 구입하는 비율이 1970년 이래 50퍼센트 이상 증가했다. 집 밖에서 준비하는 식사는 집에서 준비하는 식사보다 지방, 나트륨, 비타민, 무기질의 비율이 훨씬 높다. 심지어 고도로 가공된 식품으로 준비한 집에서의 식사와 비교해도 마찬가지다.

안타깝게도 지방의 맛을 좋아하는 생물학적 프로그래밍, 즉 선사시대 인류의 생존 방식이던 특성이 현대인에게는 가장 나쁜 의학적 문제의 원인이 되고 있다.

THE
NEXT
TRILLION

다음 천만장자는 어디에서 나올까?

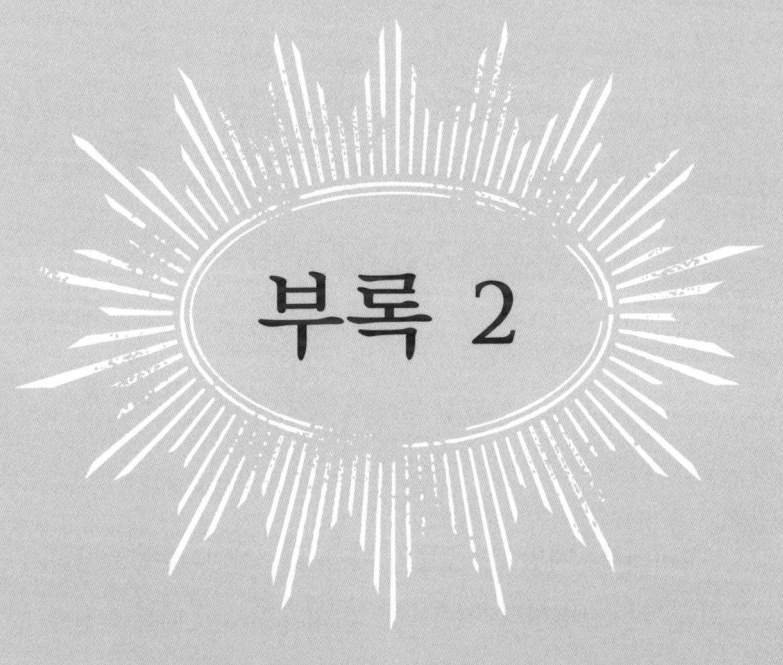

부록 2

영웅에서 원흉으로 추락한 '지방'

부록 2
영웅에서 원흉으로 추락한 '지방'

성서에서 '지방'은 동물의 가장 소중한 부분을 묘사하기 위한 말로 쓰였다. 그것은 매우 가치가 높았기 때문에 신에게 바치는 제물을 태우기 위해 보존하기도 했다. 또한 풍부, 무성, 강건, 비옥, 영토 확장 등을 묘사하는 데 비유적인 의미로 썼다. 그러나 우리 시대에 '지방'은 게으름, 혐오, 단정치 못함, 탐욕, 욕심, 폭음, 폭식 등과 관련해 거의 경멸적으로 사용된다.

그렇다면 지방은 과연 무엇일까? 그것은 왜 그렇게 부정적인 뜻으로 쓰이게 되었는가?

생물학적으로 지방은 지질이라는 영양소 부문의 하부 그룹이다. 지질은 지방, 기름, 콜레스테롤을 포함하는 일단의 혼합물을 말한다. 이러한 지질은 실내온도에서 고체 상태면 지방이라 하고 액체 상태면 기름이라고 부른다. 지방과 기름은 동식물 제품에서 나오는 반면 콜레스테롤은 고기, 집에서 기르는 날짐승닭, 오리, 거위 등, 우유, 치즈 등에서 나온다.

콜레스테롤은 우리 몸의 모든 세포에서 발견되며 냄새가 없고 광택이 나는 하얀 비늘 모양의 결정이다. 이것은 동물에서만 볼 수 있는데 특히 뇌나 신경 조직에 많이 함유돼 있고 세포막, 호르몬, 비타민 D의 주요 성분이며 지방이 열에너지로 쓰이도록 돕는 보조물이다. 의사들이 좋은 콜레스테롤과 나쁜 콜레스테롤에 대해 말할 때, 나쁜 콜레스테롤이란 대개 지방 콜레스테롤을 의미한다.

한편 리포단백질은 인체에서 개개의 지방과 콜레스테롤 분자를 결합한 지방과 단백질의 화합물로, 지방과 콜레스테롤이 혈관을 타고 몸 안에서 이동하는 것을 돕는다. 리포단백질의 2가지 주요 형태는 저밀도LDL 리포단백질과 고밀도HDL 리포단백질이다. 인체 콜레스테롤의 약 70퍼센트를 이루는 LDL 분자는 동맥의 벽에 콜레스테롤을 침전시키는데 그것이 동맥경화, 뇌졸중, 심장마비를 일으키는 탓에 나쁜 콜레스테롤로 알려져 있다. 반면 HDL 분자는 인체 내를 돌아다니면서 죽어가는 세포와 혈관에 침착한 콜레스테롤을 마치 진공청소기처럼 수거하기 때문에 좋은 콜레스테롤로 불린다.

콜레스테롤의 양은 유전자, 연령, 신체 활동 등의 요소에 의해 결정된다. 예를 들어 흡연은 동맥벽을 약화시켜 표면의 얇은 막이 지방을 더 받아들이고 콜레스테롤을 침전시키도록 하기 때문에 흡연가는 콜레스테롤 수치가 높다. 하지만 나쁜 콜레스테롤의 양을 결정하는 주요 요소는 바로 체중이다. 체중이 늘어날수록 몸에 잉여지방이 쌓이기 때문이다.

지방에는 다多불포화지방, 단單불포화지방, 그리고 포화지방 등의 형태가 있다. 여기서는 단순화를 위해 앞의 2가지 형태를 불포화지방으로 표현하겠다.

포화지방예를 들면 쇼트닝, 라드, 버터, 고기 지방은 근본적으로 혈중 콜레스테롤을 높이는 주요 범인이다. 이것은 실내온도에서 고체 상태이기 때문에 포화지방을 함유한 식품은 불포화지방이 함유된 식품보다 유통 기한이 더 길다.

반면 올리브유나 카놀라유유채씨 같은 불포화지방은 실제로 혈중 콜레스테롤을 낮춰준다. 이러한 불포화지방은 실내온도에서 액체 상태지만 추울 때는 응고한다. 올리브유를 칠한 샐러드 소스가 냉장고에서 탁해지는 것은 바로 이런 이유 때문이다. 생선은 고기보다 더 많은 불포화지방과 더 적은 포화지방을 함유하고 있다. 따라서 생선의 몸체는 찬물에서도 응고되지 않는다.

그런데 식품 회사는 불포화지방에 수소를 첨가해 유통 기한을 연장한다. 식품을 가공할 때 소위 수소처리 과정을 거치는 것이다. 이 과정에서 불포화지방은 포화지방으로 바뀌게 되는데, 흔히 '지방산의 전환'이라 불리는 이러한 과정을 통해 좋은 지방이 나쁜 지방으로 바뀌는 것이다. 그렇기 때문에 콜레스테롤을 낮추고 싶다면 수소로 처리된 기름을 피해야 한다.

이전 사회에서 지방은 매우 소중한 존재로 여겨졌다. 모든 사람이 지방 부족으로 고통 받았고 기본 칼로리가 귀했기 때문이다. 이에 따라 뚱뚱해지는 것은 커다란 부의 상징이었다. 지방은 6가지 영양소 중에서 가장 많은 에너지밀리그램당 9칼로리를 함유한다. 사람들이 여행 중이나 수확기 사이의 생존을 위해 지방 식품을 저장한 주요 이유가 여기에 있다. 하지만 당시에그리고 현대에 지방이 그토록 소중하게 여겨진 이유는 아마도 맛이 좋기 때문일 것이다.

우리는 생물학적으로 지방을 좋아하도록 짜여져 있다. 바로 이것이 풍요의 세계에서 우리를 죽이고 있다. 지방이 소중하고 부족했던 시절과 달리 오늘날에는 '살쪘다'고 하면 큰 모욕으로 받아들인다. 하지만 지방을 먹는 것이 직접적으로 살찌게 하는 것은 아니다. 연소하는 것보다 칼로리를 더 섭취할 때 살이 찌게 된다. 보다 정확히 표현하면 과체중이 된다.

지방은 단백질이나 탄수화물보다 1밀리그램당 2배의 칼로리를 내포하고 있기 때문에 지방을 섭취하는 것은 간접적으로 과체중을 부채질하게 된다. 잠재적으로 불필요한 칼로리를 함유하고 있다는 것 외에도 지방에는 동맥을 막히게 하는 콜레스테롤이 들어 있으므로 지방을 과식하는 것은 나쁘다.

과체중이 되면 잉여지방은 일반적으로 남성은 상체에 여성은 허벅지와 하체에 저장된다. 따라서 상체 비만인조인간형 비만은 남성의 전형적인 특징이고 이것은 심장질환, 고혈압, 당뇨병과 밀접하게 관련되어 있다. 이는 하체비만여성형 비만보다 더 위험하다. 물론 하체비만 역시 건강에 위험하다.

그렇다면 비만이란 과연 어떤 상태를 말하는 것일까? 이 질문에 답하기 전에 과체중과 비만을 먼저 정의해 볼 필요가 있다. 이 2가지는 흔히 똑같은 말로 사용하지만 지나치게 뚱뚱한 것은 전체 무게의 초과를 의미하고모든 신체 조직을 포함해서, 비만은 단순히 몸의 지방을 뜻한다. 큰 근육이 뭉쳐 있는 보디빌더처럼 비만하지 않고 체중이 초과되는 경우도 있다. 늘 앉아 있는 사람처럼 몸에 잉여지방이 많고 근육이 별로 없는 경우 별로 뚱뚱하진 않지만 비만이 될 수도 있다.

과체중과 비만을 측정할 때는 주로 4가지 방법을 사용한다. 그것은 신체지방비율, 허리와 엉덩이 비율, 신체크기지수 BMI, 신장-체중 산술표로 측정하는 것을 말한다.

가장 정확한 방법은 몸의 지방비율을 측정하는 것이다. 남성은 신체지방비율이 13~15퍼센트가 적당하고 여성은 17~29퍼센트가 좋다. 이 숫자가 넘어가면 어떤 상태든 비만이며 매우 위험하다.

신체지방비율은 사람의 체중을 물 속에 있을 때의 체중과 비교할 때 가장 잘 측정할 수 있다. 지방은 물에 뜨고 신체 조직보다 농도가 낮기 때문이다. 하지만 이 방법은 측정비용이 비싸고 복잡해서 기본적으로 연구자들이 실험을 할 경우에만 사용된다.

다른 방법은 삼두근과 신체의 다른 부분이 접히는 두께를 측정하는 것이다. 지방의 절반은 흔히 피부 바로 아래에 저장돼 있으므로 훈련된 전문가가 측정하면 상당히 정확하다. 생체전기 임피던스저항도 신체지방비율을 측정하는 데 사용할 수 있다.

두 번째 방법인 허리와 엉덩이 비율은 허리선 주위와 엉덩이 주위의 인치 수를 분리해 산출한다. 허리가 30인치고 엉덩이 둘레가 40인치인 사람은 허리-엉덩이 비율이 0.75이다. 여성의 경우 0.8 이상, 남성의 경우 1.0 이상을 비만으로 정의한다. 이것은 상체의 비만도를 진단하는 데는 좋은 방법이지만 하체가 비만인 경우에는 치명적으로 부정확하다.

세 번째 방법은 1835년 벨기에의 천문학자이자 통계학자인 아돌프 케틀레Adolphe Quetelet가 개발한 BMI체질량지수법이다. 그는 정상인의 기준을 설정하기 위해 통계적 모델을 사용해 오늘날 BMI라고 알려진 케틀레지수Quetelet Index: 신체 발육을 평가하는 지수로 몸무게를 키로 나눈 것를 만들었다.

$$BMI = \frac{체중(kg)}{\{신장(m)\}^2}$$

예를 들어 신장이 170cm인 성인 남성의 체중이 75킬로그램이라면 BMI는 다음과 같이 계산한다.

$$BMI = \frac{75}{(1.7)^2} = \frac{75}{2.89} = 약\ 26$$

이때 20 이하는 저체중, 21~25 이하는 정상체중, 26~30 이하는 과체중, 31~35 이하는 중도비만, 그 이상은 고도비만이라고 한다. 따라서 26이면 과체중이라고 할 수 있다.

대부분의 국가나 공신력 있는 기관에서는 비만도의 측정 도구로 BMI법을 채택하고 있다. 미국의 국립건강협회에 따르면 미국인의 61퍼센트가 BMI 25 이상인 과체중이고 27퍼센트가 BMI 30 이상으로 비만 상태라고 한다.

공공장소에 나가 과체중과 비만으로 보이는 사람들의 퍼센트를 헤아려보면 이러한 수치가 비교적 정확해 보일지도 모르지만, 일부 특수한 경우에는 치명적으로 부정확하다. 우선 BMI 지수는 남성과 여성에게 모두 똑같이 적용한다. 예를 들어 77킬로그램의 체중에 키가 175센티미터인 여성과 같은 체중에 175센티미터인 남성은 분명 다르지만 모두 비만으로 인정된다. 또한 BMI 지수는 지방에 비해 근육이 많은 역도선수나 근육이 적은 노인처럼 개개인의 차이에 적용되지 못한다는 특징이 있다.

마지막으로 네 번째는 수십 년간 미국의 의학 전문가들이 사용해 온 것으로 우리에게 익숙한 키-몸무게 산술표다. '바람직한 키-몸무게 산술표'는 1959년 메트로폴리탄 생명보험 회사가 개발했으며 이는 키와 몸무게를 보험가입자들의 가장 낮은 사망 사건과 연계해 통계적으로 표현한 것이다.

키-몸무게 산술표는 BMI 지수보다 더 정확하지만 이것 역시 한계점이 있으며 개인적인 특성이 정확히 고려되지 않는다. 더구나 최근에 메트로폴리탄 생명보험 회사의 산술표에 내포된 자료 중 상당수는 임의적인 것이다.

하지만 인구의 과체중이나 비만율을 결정할 때 어떤 방법을 선택하느냐는 그리 중요하지 않다. 분명하고 중요한 문제는 과체중과 비만은 전염성이 강하다는 데 있다.